HORAL

(1950)

Y será como el que tiene hambre y sueña, y parece que come, mas cuando despierta, su alma está vacía. . .

Isaías (29, 8)

Nuevo recuento de poemas

Biblioteca paralela

J. SABLES
A. MENDOZA
1974.

Jaime Sabines

Nuevo recuento de poemas

Joaquín Mortiz

Primera edición en Biblioteca paralela, 1977
Segunda edición, 1980
D.R. © Editorial Joaquín Mortiz, S.A.
Tabasco 106, México 7, D.F.
ISBN 968-27-0091-4
Portada de Abel Quezada Rueda

EL DÍA

Amaneció sin ella.
Apenas si se mueve.
Recuerda.

(Mis ojos, más delgados,
la sueñan).

¡Qué fácil es la ausencia!

En las hojas del tiempo
esa gota del día
resbala, tiembla.

HORAL

El mar se mide por olas,
el cielo por alas,
nosotros por lágrimas.

El aire descansa en las hojas,
el agua en los ojos,
nosotros en nada.

Parece que sales y soles,
nosotros y nada. . .

LENTO, AMARGO ANIMAL. . .

Lento, amargo animal
que soy, que he sido,
amargo desde el nudo de polvo y agua y viento
que en la primera generación del hombre pedía a Dios.

Amargo como esos minerales amargos
que en las noches de exacta soledad

—maldita y arruinada soledad
sin uno mismo—
trepan a la garganta
y, costras de silencio,
asfixian, matan, resucitan.

Amargo como esa voz amarga
prenatal, presubstancial, que dijo
nuestra palabra, que anduvo nuestro camino,
que murió nuestra muerte,
y que en todo momento descubrimos.

Amargo desde dentro,
desde lo que no soy,
—mi piel como mi lengua—
desde el primer viviente,
anuncio y profecía.

Lento desde hace siglos,
remoto —nada hay detrás—,
lejano, lejos, desconocido.

Lento, amargo animal
que soy, que he sido.

SOMBRA, NO SÉ, LA SOMBRA...

Sombra, no sé, la sombra
herida que me habita,
el eco.
(Soy el eco del grito que sería).
Estatua de la luz hecha pedazos,
desmoronada en mí;
en mí la mía,
la soledad que invade paso a paso
mi voz, y lo que quiero, y lo que haría.
Éste que soy a veces,
sangre distinta,

misterio ajeno dentro de mi vida.
Éste que fui, prestado
a la eternidad,
cuando nací moría.
Surgió, surgí dentro del sol
al efímero viento
en que amanece el día.
Hombre. No sé. Sombra de Dios
perdida.
Sobre el tiempo, sin Dios,
sombra, su sombra todavía.
Ciega, sin ojos, ciega,
—no busca a nadie,
espera—
camina.

VIEJA LA NOCHE. . .

Vieja la noche, vieja,
largo mi corazón antiguo.

¡Qué de brazos adentro
del pecho, fríos,
se mueven y me buscan,
viejo amor mío!

La noche, vieja, cae
como un lento martirio,
sombra y estrella, hueco
del pecho mío.

Y yo entretanto, ausente
de mi martirio,
entro en la noche, busco
su cuerpo frío.

No hay luna, locos,
desde hace siglos.

Sólo un breve milagro
cuando hace frío.

Me busca, viejo, el llanto,
y, sombra, río.

YO NO LO SÉ DE CIERTO. . .

Yo no lo sé de cierto, pero supongo
que una mujer y un hombre
algún día se quieren,
se van quedando solos poco a poco,
algo en su corazón les dice que están solos,
solos sobre la tierra se penetran,
se van matando el uno al otro.

Todo se hace en silencio. Como
se hace la luz dentro del ojo.
El amor une cuerpos.
En silencio se van llenando el uno al otro.

Cualquier día despiertan, sobre brazos;
piensan entonces que lo saben todo.
Se ven desnudos y lo saben todo.

(Yo no lo sé de cierto. Lo supongo.)

ME GUSTÓ QUE LLORARAS. . .

Me gustó que lloraras,
¡Qué blandos ojos
sobre tu falda!

No sé. Pero tenías
de todas partes, largas
mujeres, negras aguas.

Quise decirte: hermana.
Para incestar contigo
rosas y lágrimas.

Duele bastante, es cierto,
todo lo que se alcanza.
Es cierto, duele
no tener nada.

¡Qué linda estás, tristeza,
cuando así callas!
¡Sácale con un beso
todas las lágrimas!

¡Que el tiempo, ah,
te hiciera estatua!

ES LA SOMBRA DEL AGUA. . .

Es la sombra del agua
y el eco de un suspiro,
rastro de una mirada,
memoria de una ausencia,
desnudo de mujer detrás de un vidrio.

Está encerrada, muerta —dedo
del corazón, ella es tu anillo—,
distante del misterio,
fácil como un niño.

Gotas de luz llenaron
ojos vacíos,
y un cuerpo de hojas y alas
se fue al rocío.

Tómala con los ojos,
llénala ahora, amor mío.

Es tuya como de nadie,
tuya como el suicidio.

Piedras que hundí en el aire,
maderas que ahogué en el río,
ved mi corazón flotando
sobre su cuerpo sencillo.

LA TOVARICH

Es mi cuarto, mi noche, mi cigarro.
Hora de Dios creciente.
Obscuro hueco aquí bajo mis manos.
Invento mi cuerpo, tiempo,
y ruinas de mi voz en mi garganta.
Apagado silencio.

He aquí que me desnudo para habitar mi muerte.

Sombras en llamas hay bajo mis párpados.
Penetro en la oquedad sin palabra posible,
en esa inimaginable orfandad de la luz
donde todo es intento, aproximado afán y cercanía.

Margie (Maryi) se llama.

Estaba yo con Dios desde el principio.
Él puso en mi corazón imposibles imágenes
y una gran libertad desconocida.

Voces llenas de ojos en el aire
corren la obscuridad, muros transitan.
(Lamento abandonado en la banqueta.
Un grito, a las once, buscando un policía.)
En el cuarto vecino dos amantes se matan.
Y música a pedradas quiebra cristales,
rompe mujeres encinta.
En paz, sereno,

fumo mi nombre, recuerdo.

Porque caí, como una piedra en el agua,
o una hoja en el agua,
o un suspiro en el agua.
Caí como un ojo en una lágrima.

Y me sentí varón para toda humedad,
suave en cualquier ternura,
lento en todo callar.
Fui el primero —hasta el último—
en ser amor y olvido,
ni amor ni olvido.
(Porque soles opuestos. . .
Siempre el mismo y distinto.
Igual que sangre en círculo, al corazón, igual.)

El porvenir que cae me filtra hasta perderse.
Yo soy: ahora, aquí, siempre, jamás.

      Un barranco y un ave.
      (Dos alas caminan en el aire
      y en medio un madrigal.)

      Un barranco
      (Ya no lo dijo. Calló, de pronto,
      hoscamente, para callar).

      Un
      (quién sabe. Yo).

Cualquier cosa que se diga es verdad.
Antes de mi suicidio estuve en un panal.

      (Rosa —Maryi que ya rosal,
      cualquier muerte es mortal.)

Ahora voy a llorar.

*

Pero nací también (porque nací)
al sexto sol del día,
en el último vientre de mi madre.
(Mi madre es mujer
y no tuvo ningún qué ver con Dios.)
Hasta agotar sus senos me desprendí
(leche de flor bebí).
Mi padre me dijo: levántate y anda
a la escuela.

No lo he olvidado:
      aire – piedra deshecha por una decepción,
      río – el alba antes de abrir los ojos
      montaña – el cielo sembrado de árboles,
      vuelo – amor.

A los quince ya sabía deletrear una mujer.
(A la orilla del tren capullos de luciérnagas
maduraban luces, hojas. Ausencia.)

      Yo traía un amor reteadentro,
      sin hablar, al fracaso.
      Uva de soledad.
      Sin luna el mar.

Algas en el subsuelo de mis ojos.
(Mudé de piel a cada caricia.)

*

Margie, la luna es rusa.
El cuello de Margie es alto y blanco,
como de blando oro blanco. Ducal.
Y en sus redondos cabellos
mi mirada sueña.

Cuando me mira —algún día podría mirarme—
la conozco de rosa a abril.

Yo me moriría, si pudiera morirme,
al pie de sus ojos en sazón.
(Porque me duelen las manos de tanto no tocarla,
me duele el aire herido que a veces soy.)

*

Palabras para el fin:
     Hebra de anhelo, sol menguante
     Ovejas en la tarde sur.
     Tibia la mansa hora de dormir.

     Que todos mueran a tiempo, Señor,
     que gocen, que sufran hoy.

     Desampárame, Señor,
     que no sepa quién soy.

     Levanta las estrellas
     y acuesta el reloj.

. . .Y fue en el día último cuando Se hizo Dios.

*

Amanece de tarde. Sin sol.
(Para sus manos un guante: mi corazón.)

Yo le hubiera injertado mis labios
en sus muslos, de dos en dos.

Ya no me alegro cuando estoy triste.
Apenas frío. Minuto en ron.

17

A lo largo de mí todos los muertos
bien muertos son.
(A las 5. Puntuales.
En el número 5 del panteón.)

Y la tarde nerviosa, se sacudió
el rocío llorón.

*

Entonces se enviaban suspiros en las rosas,
besos-palomas de balcón a balcón.
Pero la sucia noche revolvía alfileres,
sábanas, rezos, cruces, luto de amor.

Caras agrias, en sombra, el deseo encendió.
        (¡Cuántos hijos tirados en paredes,
        pañuelos, muslos, manos, por Dios!)

Muro de agua, la angustia, se levantó.
Humo rojo en mis venas. Transfigurado cielo.
De polvo a polvo soy.

*

Mina de minerales obscuros, de ciegos diamantes,
tala de esmeraldas.
Agua tierna del pájaro
(húmedas ya de música las ramas),
buches de piedras que hace la pequeña cascada.

Milperío de tortillas para el indio,
indios de amor quemado y brazos todavía
(le podan esperanzas a su genealogía).

Una vereda buscando la llanura.
Y una brizna en mis ojos, de agua dura.

*

Magia de amor errante.
Fantasma, sombra, umbral.

Algo que soy, me viene a llevar.

(Hay un aroma obscuro
desde su cuello musical.)

Eso que nunca he dicho
empiezo a callar.

¡Lleva ya tanto tiempo
de ser fugaz!

(Le prestaré mis ojos
cuando quiera llorar.)

¡Cómo el viento en retazos,
cómo la lleva en granos,
cómo de azul cristal!

UNO ES EL HOMBRE

Uno es el hombre.
Uno no sabe nada de esas cosas
que los poetas, los ciegos, las rameras,
llaman "misterio", temen y lamentan.
Uno nació desnudo, sucio,
en la humedad directa,
y no bebió metáforas de leche,
y no vivió sino en la tierra
(La tierra que es la tierra y es el cielo
como la rosa rosa pero piedra).

Uno apenas es una cosa cierta

que se deja vivir, morir apenas,
y olvida cada instante, de tal modo
que cada instante, nuevo, lo sorprenda.

Uno es algo que vive,
algo que busca pero encuentra,
algo como hombre o como Dios o yerba
que en el duro saber lo de este mundo
halla el milagro en actitud primera.

Fácil el tiempo ya, fácil la muerte,
fácil y rigurosa y verdadera
toda intención de amor que nos habita
y toda soledad que nos perpetra.
Aquí está todo, aquí. Y el corazón aprende
—alegría y dolor— toda presencia;
el corazón constante, equilibrado y bueno,
se vacía y se llena.

Uno es el hombre que anda por la tierra
y descubre la luz y dice: es buena,
la realiza en los ojos y la entrega
a la rama del árbol, al río, a la ciudad,
al sueño, a la esperanza y a la espera.

Uno es ese destino que penetra
la piel de Dios a veces,
y se confunde en todo y se dispersa.

Uno es el agua de la sed que tiene,
el silencio que calla nuestra lengua,
el pan, la sal, y la amorosa urgencia
de aire movido en cada célula.

Uno es el hombre —lo han llamado hombre—
que lo ve todo abierto, y calla, y entra.

SITIO DE AMOR

Sitio de amor, lugar en que he vivido
de lejos, tú, ignorada,
amada que he callado, mirada que no he visto,
mentira que me dije y no he creído:

en esta hora en que los dos, sin ambos,
a llanto y odio y muerte nos quisimos,
estoy, no sé si estoy, ¡si yo estuviera!,
queriéndote, llorándome, perdido.

    (Ésta es la última vez que yo te quiero.
    En serio te lo digo.)

Cosas que no conozco, que no he aprendido,
contigo, ahora, aquí, las he aprendido.

En ti creció mi corazón.
En ti mi angustia se hizo.
Amada, lugar en que descanso,
silencio en que me aflijo.

    (Cuando miro tus ojos
    pienso en un hijo.)

Hay horas, horas, horas, en que estás tan ausente
que todo te lo digo.

Tu corazón a flor de piel, tus manos,
tu sonrisa perdida alrededor de un grito,
ese tu corazón de nuevo, tan pobre, tan sencillo,
y ese tu andar buscándome por donde yo no he ido:

todo eso que tú haces y no haces a veces
es como para estarse peleando contigo.

Niña de los espantos, mi corazón caído,
ya ves, amada, niña, qué cosas dijo.

ENTRESUELO

Un ropero, un espejo, una silla,
ninguna estrella, mi cuarto, una ventana,
la noche como siempre, y yo sin hambre,
con un chicle y un sueño, una esperanza.
Hay muchos hombres fuera, en todas partes,
y más allá la niebla, la mañana.
Hay árboles helados, tierra seca,
peces fijos idénticos al agua,
nidos durmiendo bajo tibias palomas.
Aquí, no hay una mujer. Me falta.
Mi corazón desde hace días quiere hincarse
bajo alguna caricia, una palabra.
Es áspera la noche. Contra muros, la sombra
lenta como los muertos, se arrastra.
Esa mujer y yo estuvimos pegados con agua.
Su piel sobre mis huesos
y mis ojos dentro de su mirada.
Nos hemos muerto muchas veces
al pie del alba.
Recuerdo que recuerdo su nombre,
sus labios, su transparente falda.
Tiene los pechos dulces, y de un lugar
a otro de su cuerpo hay una gran distancia:
de pezón a pezón cien labios y una hora,
de pupila a pupila un corazón, dos lágrimas.
Yo la quiero hasta el fondo de todos los abismos,
hasta el último vuelo de la última ala,
cuando la carne toda no sea carne, ni el alma
sea alma.
Es preciso querer. Yo ya lo sé. La quiero.
¡Es tan dura, tan tibia, tan clara!

Esta noche me falta.
Sube un violín desde la calle hasta mi cama.
Ayer miré dos niños que ante un escaparate
de manequíes desnudos se peinaban.
El silbato del tren me preocupó tres años,

hoy sé que es una máquina.
Ningún adiós mejor que el de todos los días
a cada cosa, en cada instante, alta
la sangre iluminada.

Desamparada sangre, noche blanda,
tabaco del insomnio, triste cama.

Yo me voy a otra parte.
Y me llevo mi mano, que tanto escribe y habla.

MISS X

Miss X, sí, la menuda Miss Equis,
llegó, por fin, a mi esperanza:
alrededor de sus ojos,
breve, infinita, sin saber nada.
Es ágil y limpia como el viento
tierno de la madrugada,
alegre y suave y honda
como la yerba bajo el agua.
Se pone triste a veces
con esa tristeza mural que en su cara
hace ídolos rápidos
y dibuja preocupados fantasmas.
Yo creo que es como una niña
preguntándole cosas a una anciana,
como un burrito atolondrado
entrando a una ciudad, lleno de paja.
Tiene también una mujer madura
que le asusta de pronto la mirada
y se le mueve dentro y le deshace
a mordidas de llanto las entrañas.
Miss X, sí, la que me ríe
y no quiere decir cómo se llama,
me ha dicho ahora, de pie sobre su sombra,
que me ama pero que no me ama.
Yo la dejo que mueva la cabeza

diciendo no y no, que así se cansa,
y mi beso en su mano le germina
bajo la piel en paz semilla de alas.

Ayer la luz estuvo
todo el día mojada,
y Miss X salió con una capa
sobre sus hombros, leve, enamorada.
Nunca ha sido tan niña, nunca
amante en el tiempo tan amada.
El pelo le cayó sobre la frente,
sobre sus ojos, mi alma.

La tomé de la mano, y anduvimos
toda la tarde de agua.

¡Ah, Miss X, Miss X, escondida
flor del alba!

Usted no la amará, señor, no sabe.
Yo la veré mañana.

MI CORAZÓN EMPRENDE. . .

Mi corazón emprende de mi cuerpo a tu cuerpo
último viaje.
Retoño de la luz,
agua de las edades que en ti, perdida, nace.
Ven a mi sed. Ahora.
Después de todo. Antes.
Ven a mi larga sed entretenida
en bocas, escasos manantiales.
Quiero esa arpa honda que en tu vientre
arrulla niños salvajes.
Quiero esa tensa humedad que te palpita,
esa humedad de agua que te arde.
Mujer, músculo suave.
La piel de un beso entre tus senos

de obscurecido oleaje
me navega en la boca
y mide sangre.
Tú también. Y no es tarde.
Aún podemos morirnos uno en otro:
es tuyo y mío ese lugar de nadie.
Mujer, ternura de odio, antigua madre,
quiero entrar, penetrarte,
veneno, llama, ausencia,
mar amargo y amargo, atravesarte.
Cada célula es hembra, tierra abierta,
agua abierta, cosa que se abre.
Yo nací para entrarte.
Soy la flecha en el lomo de la gacela agonizante.
Por conocerte estoy,
grano de angustia en corazón de ave.
Yo estaré sobre ti, y todas las mujeres
tendrán un hombre encima en todas partes.

NADA. QUE NO SE PUEDE DECIR NADA. . .

Nada. Que no se puede decir nada.
Déjenme hablar ahora; no es posible.
Quiero decir que eso, que lo otro, que todo
aquí me tiene muerto, medio muerto, llorando.
Porque nos pasa a veces, nos sucede que el mundo
—no sólo el mundo— se complica, se amarga,
se vuelve de repente un niño sin cabeza,
idiota, idiota, idiota.
Y el café ya no sirve, ni el cigarro,
ni hablar de soledad, de insomnio, de locura,
ni el lamentar a voces el corazón de rana que uno
    tiene en el pecho,
ni el sollozar tan largo que nadie nos escuche.
Es cierto que la paz, que el equilibrio,
que el cielo puro y tonto,
es cierto, es cierto.
Pero si soy este que soy, ¿qué queda?

No es que alguna mujer —puede que sea—
nos haga falta ahora.
(Una mujer. Quién sabe. A veces nos ocurre
pensar que estamos solos.)
Es que el día renace,
es que la noche sobrevive.
Es que mis ojos, lejos, en un frasco
—peces de luz, entonces, devorando.
Hay muchas cosas que no alcanzo.
El frío. ¿Pero qué cosa alcanzo?
No miro ya. No toco. No he llorado.
Mentira que yo llore. No es posible.
No se puede decir nada ni tanto.
El frío. El frío parece, sí,
una viuda llorando.

EL LLANTO FRACASADO

Roto, casi ciego, rabioso, aniquilado,
hueco como un tambor al que golpea la vida,
sin nadie pero solo,
respondiendo las mismas palabras para las mismas cosas
    siempre,
muriendo absurdamente, llorando como niña, asqueado.
He aquí éste que queda, el que me queda todavía.
Háblenle de esperanza,
díganle lo que saben ustedes, lo que ignoran,
una palabra de alegría, otra de amor, que sueñe.

Todos los animales sobre la tierra duermen.
Sólo el hombre no duerme.
¿Han visto ustedes un gesto de ternura en el rostro de un
    loco dormido?
¿Han visto un perro soñando con gaviotas?
¿Qué han visto?

Nadie sino el hombre pudo inventar el suicidio.
Las piedras mueren de muerte natural.

El agua no muere.
Sólo el hombre pudo inventar para el día la noche,
el hambre para el pan,
las rosas para la poesía.

Mortalmente triste sólo he visto a un gato, un día,
    agonizando.
Yo no tengo la culpa de mis manos: es ella.
Pero no fue escrito:
Te faltará una mujer para cada día de amor.

Andarás, te dijeron, de un sitio a otro de la muerte
buscándote.
La vida no es fácil.
Es más fácil llorar, arrepentirse.

En Dios descansa el hombre.
Pero mi corazón no descansa,
no descansa mi muerte,
el día y la noche no descansan.

Diariamente se levantan los montes, el cielo se ilumina,
el mar sube hacia el mar
los árboles llegan hasta los pájaros.
Sólo yo no me alumbro, no me levanto.

Háblenle de tragedias a un pescado.
A mí no me hagan caso.
Yo me río de ustedes que piensan que soy triste
como si la soledad o mi zapato
me apretaran el alma.

La yugular es la vena de la mujer.
Allí recibe al hombre.
Las mujeres se abren bajo el peso del hombre
como el mar bajo un muerto,
lo sepultan, lo envuelven,
lo incrustan en ovarios interminables,
lo hacen hijos e hijos. . .

Ellas quedan de pie,
paren de pie, esperando.

No me digan ustedes en dónde están mis ojos,
pregunten hacia dónde va mi corazón.

Les dejaré una cosa el día último,
la cosa más inútil y más amada de mí mismo,
la que soy yo y se mueve, inmóvil para entonces,
rota definitivamente.
Pero les dejaré también una palabra,
la que no he dicho aquí, inútil, amada.

Ahora vuelve el sol a dejarnos.
La tarde se cansa, descansa sobre el suelo, envejece.
Trenes distantes, voces, hasta campanas suenan.
Nada ha pasado.

ASÍ ES

Con siglos de estupor,
con siglos de odio y llanto,
con multitud de hombres amorosos y ciegos,
destinado a la muerte,
ahogándome en mi sangre, aquí, embrocado.
Igual a un perro herido al que rodea la gente.
Feo como el recién nacido
y triste como el cadáver de la parturienta.

Los que tenemos frío de verdad,
los que estamos solos por todas partes,
los sin nadie.
los que no pueden dejar de destruirse,
ésos no importan, no valen nada, nada,
que de una vez se vayan, que se mueran pronto.
A ver si es cierto: muérete.
¡Muérete, Jaime, muérete!

¡Ah, mula vida,
testaruda, sorda!

Poetas, mentirosos, ustedes no se mueren nunca.
Con su pequeña muerte andan por todas partes
y la lucen, la lloran, le ponen flores,
se la enseñan a los pobres, a los humildes, a los que
      tienen esperanza.
Ustedes no conocen la muerte todavía:
cuando la conozcan ya no hablarán de ella,
se dirán que no hay tiempo sino para vivir.

Es que yo he visto muertos,
y sólo los muertos son la muerte,
y eso, de veras, ya no importa.

Un desgraciado como yo no ha de ser siempre
      desgraciado.
He aquí la vida.

Puedo decirles una cosa por los que han muerto de amor,
por los enfermos de esperanza,
por los que han acabado sus días y aún andan por las
      calles
con una mirada inequívoca en los ojos
y con el corazón en las manos ofreciéndolo a nadie.
Por ellos, y por los cansados que mueren lentamente en
      buhardillas
y no hablan, y tienen sucio el cuerpo, altaneros del
      hambre,
odiadores que pagan con moneda de amor.
Por éstos y los otros, por todos los que se han metido las
      manos
debajo de las costillas
y han buscado hacia arriba esa palabra, ese rostro,
y sólo han encontrado peces de sangre, arena. . .
Puedo decirles una cosa que no será silencio,
que no ha de ser soledad,
que no conocerá ni locura ni muerte.

Una cosa que está en los labios de los niños,
que madura en la boca de los ancianos,
débil como la fruta en la rama,
codiciosa como el viento:
humildad.

Puedo decirles también
que no hagan caso de lo que yo les diga.
El fruto asciende por el tallo, sufre la flor y llega al aire.
Nadie podrá prestarme su vida.
Hay que saber, no obstante,
que los ríos todos nacen del mar.

LOS AMOROSOS

Los amorosos callan.
El amor es el silencio más fino,
el más tembloroso, el más insoportable.
Los amorosos buscan,
los amorosos son los que abandonan,
son los que cambian, los que olvidan.
Su corazón les dice que nunca han de encontrar,
no encuentran, buscan.

Los amorosos andan como locos
porque están solos, solos, solos,
entregándose, dándose a cada rato,
llorando porque no salvan al amor.
Les preocupa el amor. Los amorosos
viven al día, no pueden hacer más, no saben.
Siempre se están yendo,
siempre, hacia alguna parte.
Esperan,
no esperan nada, pero esperan.
Saben que nunca han de encontrar.
El amor es la prórroga perpetua,
siempre el paso siguiente, el otro, el otro.
Los amorosos son los insaciables,

los que siempre —¡qué bueno!— han de estar solos.

Los amorosos son la hidra del cuento.
Tienen serpientes en lugar de brazos.
Las venas del cuello se les hinchan
también como serpientes para asfixiarlos.
Los amorosos no pueden dormir
porque si se duermen se los comen los gusanos.

En la obscuridad abren los ojos
y les cae en ellos el espanto.

Encuentran alacranes bajo la sábana
y su cama flota como sobre un lago.

Los amorosos son locos, sólo locos,
sin Dios y sin diablo.

Los amorosos salen de sus cuevas
temblorosos, hambrientos,
a cazar fantasmas.
Se ríen de las gentes que lo saben todo,
de las que aman a perpetuidad, verídicamente,
de las que creen en el amor como en una lámpara de
    inagotable aceite.

Los amorosos juegan a coger el agua,
a tatuar el humo, a no irse.
Juegan el largo, el triste juego del amor.
Nadie ha de resignarse.
Dicen que nadie ha de resignarse.
Los amorosos se avergüenzan de toda conformación.

Vacíos, pero vacíos de una a otra costilla,
la muerte les fermenta detrás de los ojos,
y ellos caminan, lloran hasta la madrugada
en que trenes y gallos se despiden dolorosamente.

Les llega a veces un olor a tierra recién nacida,

a mujeres que duermen con la mano en el sexo,
    complacidas,
a arroyos de agua tierna y a cocinas.
Los amorosos se ponen a cantar entre labios
una canción no aprendida.
Y se van llorando, llorando
la hermosa vida.

LA SEÑAL

(1951)

A mi Mayor Sabines

I. LA SEÑAL

DEL CORAZÓN DEL HOMBRE

He mirado a estas horas muchas cosas sobre la tierra
y sólo me ha dolido el corazón del hombre.
Sueña y no descansa.
No tiene casa sobre el mundo.
Es solo.
Se apoya en Dios o cae sobre la muerte
pero no descansa.

El corazón del hombre sueña
y anda solo en la tierra
a lo largo de los días, perpetuamente.

Es una mala jugada.

DE LA ESPERANZA

Entreteneos aquí con la esperanza.
El júbilo del día que vendrá
os germina en los ojos como una luz reciente.
Pero ese día que vendrá no ha de venir: es éste.

DEL DOLOR

Había sido escrito en el primer testamento del hombre:
no lo desprecies porque ha de enseñarte muchas cosas.
Hospédalo en tu corazón esta noche.
Al amanecer ha de irse. Pero no olvidarás
lo que te dijo desde la dura sombra.

DE LA NOCHE

En la amorosa noche me aflijo.
Le pido su secreto, mi secreto,
la interrogo en mi sangre largamente.
Ella no me responde
y hace como mi madre, que me cierra los ojos sin oírme.

DE LA ILUSIÓN

Escribiste en la tabla de mi corazón:
desea.
Y yo anduve días y días
loco y aromado y triste.

DE LA MUERTE

Enterradla.
Hay muchos hombres quietos, bajo tierra,
que han de cuidarla.
No la dejéis aquí,
Enterradla.

DEL ADIÓS

No se dice.
Acude a nuestros ojos,
a nuestras manos, tiembla, se resiste.
Dices que esperas —te esperas— desde entonces,
y sabes que el adiós es inútil y triste.

DEL MITO

Mi madre me contó que yo lloré en su vientre.
A ella le dijeron: tendrá suerte.

Alguien me habló todos los días de mi vida
al oído, despacio, lentamente.
Me dijo: ¡vive, vive, vive!
Era la muerte.

II. CONVALECENCIA

ALLÍ HABÍA UNA NIÑA

Allí había una niña.
En las hojas del plátano un pequeño
hombrecito dormía un sueño.
En un estanque, luz en agua.
Yo contaba un cuento.

Mi madre pasaba interminablemente
alrededor nuestro.
En el patio jugaba
con una rama un perro.
El sol —qué sol, qué lento—
se tendía, se estaba quieto.

Nadie sabía qué hacíamos,
nadie, qué hacemos.
Estábamos hablando, moviéndonos,
yendo de un lado a otro,
las arrieras, la araña, nosotros, el perro.
Todos estábamos en la casa
pero no sé por qué. Estábamos. Luego el silencio.

Ya dije quién contaba un cuento.
Eso fue alguna vez porque recuerdo
que fue cierto.

LA MÚSICA DE BACH MUEVE CORTINAS

La música de Bach mueve cortinas
en la mañana triste, y un viento con amores
se desliza en las calles y en los corazones.
Nadie sabe por qué, pero se alegran
las sombras y los hombres
como si Dios hubiese descendido a fecundarlos

y en el asfalto espigas de oro florecieran.
En el día de hoy el sol se ablanda
y mansa luz como un aceite unta
a los cansados y a los tristes.

Un canto para sordos se desprende de las cosas
y esa terrible dulzura que es Dios insoportable
contagia la salud de un pecho a otro.
Es la hora interminable, la inasible,
la eternidad que dura un abrir y cerrar de ojos.
(Mientras esto he dicho, el día se ha partido en
dos como una granada madura.)

QUIERO APOYAR MI CABEZA

Quiero apoyar mi cabeza
en tus manos, Señor.
Señor del humo, sombra,
quiero apoyar mi corazón.
Quiero llorar con mis ojos,
irme en llanto, Señor.

Débil, pequeño, frustrado,
cansado de amar, amor,
dame un golpe de aire,
tírame, corazón.

Sobre la brisa, en el alba,
cuando se despierte el sol,
derrámame como un llanto,
llórame como yo.

NO LO SALVES DE LA TRISTEZA, SOLEDAD

No lo salves de la tristeza, soledad,
no lo cures de la ternura que lo enferma.
Dale dolor, apriétalo en tus manos,

muérdele el corazón hasta que aprenda.
No lo consueles, déjalo tirado
sobre su lecho como un haz de yerba.

EN LOS OJOS ABIERTOS DE LOS MUERTOS

En los ojos abiertos de los muertos
¡qué fulgor extraño, qué humedad ligera!
Tapiz de aire en la pupila inmóvil,
velo de sombra, luz tierna.
En los ojos de los amantes muertos
el amor vela.
Los ojos son como una puerta
infranqueable, codiciada, entreabierta.
¿Por qué la muerte prolonga a los amantes,
los encierra en un mutismo como de tierra?
¿Qué es el misterio de esa luz que llora
en el agua del ojo, en esa enferma
superficie de vidrio que tiembla?
Ángeles custodios les recogen la cabeza.
Murieron en su mirada,
murieron de sus propias venas.
Los ojos parecen piedras
dejadas en el rostro por una mano ciega.
El misterio los lleva.
¡Qué magia, qué dulzura
en el sarcófago de aire que los encierra!

NO HAY MÁS. SÓLO MUJER

No hay más. Sólo mujer para alegrarnos,
sólo ojos de mujer para reconfortarnos,
sólo cuerpos desnudos,
territorios en que no se cansa el hombre.
Si no es posible dedicarse a Dios
en la época del crecimiento,
¿qué darle al corazón afligido

40

sino el círculo de muerte necesaria
que es la mujer?

Estamos en el sexo, belleza pura,
corazón solo y limpio.

PEQUEÑA DEL AMOR

Pequeña del amor, tú no lo sabes,
tú no puedes saberlo todavía,
no me conmueve tu voz
ni el ángel de tu boca fría,
ni tus reacciones de sándalo
en que perfumas y expiras,
ni tu mirada de virgen
crucificada y ardida.

No me conmueve tu angustia
tan bien dicha,
ni tu sollozar callado
y sin salida.

No me conmueven tus gestos
de melancolía,
ni tu anhelar, ni tu espera,
ni la herida
de que me hablas afligida.

Me conmueves toda tú
representando tu vida
con esa pasión tan torpe
y tan limpia,
como el que quiere matarse
para contar: soy suicida.

Hoja que apenas se mueve
ya se siente desprendida:
voy a seguirte queriendo
todo el día.

BOCA DEL LLANTO

Boca del llanto, me llaman
tus pupilas negras,
me reclaman. Tus labios
sin ti me besan.
¡Cómo has podido tener
la misma mirada negra
con esos ojos
que ahora llevas!

Sonreíste. ¡Qué silencio,
qué falta de fiesta!
¡Cómo me puse a buscarte
en tu sonrisa, cabeza
de tierra,
labios de tristeza!

No lloras, no llorarías
aunque quisieras;
tienes el rostro apagado
de las ciegas.

Puedes reír. Yo te dejo
reír, aunque no puedas.

CLAUSURADA, SELLADA

Clausurada, sellada,
sola y triste y enferma,
alta, delgada, en luto
de silencio, bella.

Quién sabe, cuando mira,
si mira o si recuerda.
(Si llora un muerto amado
o si ha matado y piensa.)

Es tan dulce, tan áspera,
tan lejana, tan cerca
de uno mismo lo mismo
que de ella.

Joven de la desgracia,
camarada, extranjera,
nadie podrá saber nunca
—tan muerta estás— cuando mueras.

ÉSA ES SU VENTANA

Ésa es su ventana.
Allí la espera el tiempo.
Tras el cristal su rostro
invisible, en silencio.
Me mira, ciega y dulce,
con los ojos abiertos.

La noche está a mi lado,
su ventana está lejos.
Alguien la busca a veces
vestida de negro,
joven madre del luto,
flor del viento.

Sus manos rezan
sobre su pecho.
Y ella, niña, me mira
con sus ojos viejos.
Y yo la busco
dulce, muerto.

EN LA SOMBRA ESTABAN SUS OJOS

En la sombra estaban sus ojos
y sus ojos estaban vacíos

y asustados y dulces y buenos
y fríos.

Allí estaban sus ojos y estaban
en su rostro callado y sencillo
y su rostro tenía sus ojos
tranquilos.

No miraban, miraban, qué solos
y qué tiernos de espanto, qué míos,
me dejaban su boca en los labios
y lloraban un aire perdido
y sin llanto y abiertos y ausentes
y distantes distantes y heridos
en la sombra en que estaban, estaban
callados, vacíos.

Y una niña en sus ojos sin nadie
se asomaba sin nada a los míos
y callaba y miraba y callaba
y sus ojos abiertos y limpios,
piedra de agua, me estaban mirando
más allá de mis ojos sin niños
y qué solos estaban, qué tristes,
qué limpios.

Y en la sombra en que estaban sus ojos
y en el aire sin nadie, afligido,
allí estaban sus ojos y estaban
vacíos.

CAPRICHOS

(UNO)

La niña toca el piano
mientras un gato la mira.
En la pared hay un cuadro

44

con una flor amarilla.
La niña morena y flaca
le pega al piano y lo mira
mientras un duende le jala
las trenzas y la risa.
La niña y el piano siguen
en la casa vacía.

(DOS)

El cielo estaba en las nubes
y las nubes en los pájaros,
los pájaros en el aire
y el aire sobre sus manos.

La yerba le acariciaba
ásperamente los labios
y sus ojos le contaban
una tristeza de algo:
como ropa de mujer
tendida, limpia, en el campo.

(TRES)

Llenas de tierra las manos
y los ojos llenos de agua,
voy a decirte un secreto:
no tengo casa.
No, no tengo casa.

Desabróchame la piel
de la espalda
y úntame yodo y arena
para borrar esa marca.
Tengo una marca.

No me dejes en el cuello
la garganta
callándose tanto tiempo

45

lo de mi casa.
Que me duele, de veras,
no tener casa.

QUÉ RISUEÑO CONTACTO

¡Qué risueño contacto el de tus ojos,
ligeros como palomas asustadas a la orilla del agua!
¡Qué rápido contacto el de tus ojos
con mi mirada!

¿Quién eres tú? ¡Qué importa!
A pesar de ti misma,
hay en tus ojos una breve palabra
enigmática.
No quiero saberla. Me gustas
mirándome de lado, escondida, asustada.
Así puedo pensar que huyes de algo,
de mí o de ti, de nada,
de esas tentaciones que dicen que persiguen a la mujer
    casada.

EN LA ORILLA DEL AIRE

En la orilla del aire
(¿qué decir, qué hacer?)
hay todavía una mujer.

En el monte, extendida
sobre la yerba,
si buscamos bien:
una mujer.

Bajo el agua, en el agua,
abre, enciende los ojos,
mírala bien.

Algas, ramas de peces,
ojos de náufragos,
flautas de té,
le cantan, la miran bien.

En las minas, perdida,
delgada, sombra también,
raíces de plata obscura
le dan de beber.

A tu espalda, en donde estés,
si vuelves rápido a ver
la ves.

En el aire hay siempre oculta
como una hoja en un árbol
una mujer.

TE DESNUDAS IGUAL

Te desnudas igual que si estuvieras sola
y de pronto descubres que estás conmigo.
¡Cómo te quiero entonces
entre las sábanas y el frío!

Te pones a flirtearme como a un desconocido
y yo te hago la corte ceremonioso y tibio.
Pienso que soy tu esposo
y que me engañas conmigo.

¡Y cómo nos queremos entonces en la risa
de hallarnos solos en el amor prohibido!

(Después, cuando pasó, te tengo miedo
y siento un escalofrío.)

LA COJITA ESTÁ EMBARAZADA

La cojita está embarazada.
Se mueve trabajosamente,
pero qué dulce mirada
mira de frente.

Se le agrandaron los ojos
como si su niño
también le creciera en ellos
pequeño y limpio.
A veces se queda viendo
quién sabe qué cosas
que sus ojos blancos
se le vuelven rosas.

Anda entre toda la gente
trabajosamente.
No puede disimular,
pero, a punto de llorar,
la cojita, de repente,
se mira el vientre
y ríe. Y ríe la gente.

La cojita embarazada
ahorita está en su balcón
y yo creo que se alegra
cantándose una canción:
"cojita del pie derecho
y también del corazón".

EL DIABLO Y YO NOS ENTENDEMOS

El diablo y yo nos entendemos
como dos viejos amigos.
A veces se hace mi sombra,
va a todas partes conmigo.
Se me trepa a la nariz

y me la muerde
y la quiebra con sus dientes finos.
Cuando estoy en la ventana
me dice ¡brinca!
detrás del oído.
Aquí en la cama se acuesta
a mis pies como un niño
y me ilumina el insomnio
con luces de artificio.
Nunca se está quieto.
Anda como un maldito,
como un loco, adivinando
cosas que no me digo.
Quién sabe qué gotas pone
en mis ojos, que me miro
a veces cara de diablo
cuando estoy distraído.
De vez en cuando me toma
los dedos mientras escribo.
Es raro y simple. Parece
a veces arrepentido.
El pobre no sabe nada
de sí mismo.
Cuando soy santo me pongo
a murmurarle al oído
y lo mareo y me desquito.
Pero después de todo
somos amigos
y tiene una ternura como un membrillo
y se siente solo el pobrecito.

FRÍO Y VIENTO AMANECEN

Frío y viento amanecen,
el día desterrado.
Mi soledad me mira
como a un extraño
y yo, contento, me ato

los dedos a las manos.

Mi alegría fuma un cigarro
y me pongo de pie
y con la música del radio
casi desnudo bailo.

El frío y el viento entran
a mi cuarto
y me clavan agujas
en los pies descalzos.

La muchacha de enfrente
se levantó temprano.
¡Qué bonito su feo
rostro morado!

Bueno. Me visto. Hablo.
Estoy solo –es lo mismo–
¡pero qué alegre de algo!

¿NO SE PODRÁ DECIR?

¿No se podrá decir lo que el viento y la hora
hacen sentir de anhelo sin fatiga?
¿No podremos hablar de lo que aquí sucede
inadvertidamente, bajo el cielo vulgar de cualquier día,
en la calle, en el pueblo,
a un lado de la música lejana,
en la cervecería,
en medio de las voces de los que venden diarios,
sobre las piedras sucias de saliva?
¿Las maderas del piso,
la toalla en esa silla,
los espejos, la cama, las cortinas
que en la ventana el viento atemoriza,
el rescoldo del sueño entre los ojos,
el peine en los cabellos de esa niña,

esto que llaman soledad, sin nadie,
mi estómago vacío, la ceniza
fumada, y la mañana fría?

¿No podremos decir nada del viento
en el que estamos como en la alegría?

III. EL MUNDO

METÁFORAS PARA UNA NIÑA CIEGA

Con hilo y aguja me cerraron los labios.
Estuve viendo el día y la noche, los días y las noches,
sin hablar, sin moverme,
con cangrejos prendidos a mis brazos,
pudriéndome como un costal de frutas y gusanos.
Alguien me levantó, me dijo, no entendí,
me abandonó en el campo,
me eché a rodar sobre la yerba
entre flores despiertas y fantasmas mojados.
Una mujer entonces –tenía los pechos duros y altos–
me hizo beber en sus labios;
cansada la cabeza en sus muslos de madre
me untó sus manos.
Abrí los ojos en el mar,
en el fondo del mar, de sal azul hinchados,
y mis ojos tatuaban las algas encendidas
y en su cristal mordían peces dorados.
Un viejo sol hundido
me andaba buscando.
Había un arpa rubia, de cabellos de niñas ahogadas,
que el agua tocaba con dedos extraños.
Un caracol vestido de blanco
soplaba hacia dentro,
enrollaba el carrete de un viento muy largo.
Las perlas crecían despacio
y eran el silencio que se congelaba en el corazón de los
    náufragos.
Yo sentía el pecho lleno de palomas y de batracios.
Cuando llegó la noche, yo olí que mis manos olían a
    noche.
Estaba en la caverna donde la araña del espanto
teje las horas sobre huesos amargos.
Allí la soledad existía a pedazos.
Yo no era yo, podía ser yo apenas,

quizás yo estaba a mi lado,
había muchos, perdidos, desesperanzados,
en una sangre obscura corrían a morirse,
corrían con los esqueletos quebrados.
Antes de llegar al barranco del sueño
hay una roja luz que hierve sin descanso,
duendes y duendes vienen
y cortan con tijeras los párpados.
Al alba nadie llega. Pero llegaban
gargantas de pájaros.
Estuve ahí escondido
débil entre las hojas del aire morado.
Digo lo que aprendí,
como cuando me hice sombra para un árbol.
Digo lo que he olvidado.
Desde entonces tuve el corazón descalzo.

LA CAÍDA

Estoy como vacío.
Quisiera hablar, hablar, pero no puedo
no puedo ya conmigo.
Una mujer que busco, que no existe,
que existe a todas horas, un antiguo
cansancio, un diario despertar
medio aburrido.
Quisiera hablar, decir: esto que es mío,
que nunca tengo en mí, esto que asiste
a la noche en mis ojos, mi corazón dormido,
y la tristeza de no saber las cosas,
ser padre de algún hijo sin padre,
ser hijo de unos padres sin hijos.
Esto que vive en mí, esto que muere
duras muertes conmigo,
el manantial de gracia, el agua de pecado
que me deja tranquilo.
Fuego de la purísima concepción, poesía,
bochorno de mi amigo,

sálvame de mí mismo.
Yo soy la tierra ronca, el apretado
yunque en el que cae tu martillo,
me soporto, te espero, ayúdame
a hablar limpio.
Ayúdame a ser solo,
y a ser sólo moneda que en bolsillos
de pobres socorra el agua fresca,
el pan bendito.
Dueña de la esperanza,
paloma del principio,
recógeme los ojos,
levántame del grito.
Yo soy sólo la sombra
que madura en un vientre desconocido.

Y estoy aquí, sí estoy,
a pesar de mí mismo,
alucinado y torpe,
airado y sin memoria y sin olvido
igual que si colgara de mis manos
clavadas sobre un muro carcomido.

Mira el odiado llanto,
mira este mudo llanto embrutecido,
sacúdelo del árbol de mis ojos,
arráncalo del pecho sacudido,
no me dejes raíces de congoja
abriéndome el oído,
no quede en mí un amante,
ni un luchador, ni un místico.

Señora de la luz, te mando, te suplico,
óyeme hablar sin voz,
oye lo que no he dicho,
con este amor te amo,
con este te maldigo,
tengo en la espalda rota,
roto, un cuchillo.

Yo soy, no soy, no he sido
más que un lugar vacío,
un lugar al que llegan de repente
mi cuerpo y tu delirio
y una apagada voz que nos aprende
como un castigo.

He aquí tu mar de ausencia,
he aquí tu mar de siglos,
mi sangre arrodillada
sobre un madero hundido,
y el brazo de mi angustia
saliendo al aire tibio.

QUÉ ALEGRE EL DÍA

¡Qué alegre el día, sucio, obscuro, lluvioso!
¡Qué alegres las azoteas con las ropas volando
en su sitio, desatándose, atadas,
diciéndole groserías, riendo como el viento!
¡Qué alegre el ruido amontonado en la calle
y el susto del rayo que cayó allí cerca
y los cláxones trepados uno encima del otro
y la lluvia arreciando, apagándome el radio,
mojándome los pulmones, cerrando las ventanas!
¡Qué alegres yo, esa mosca,
la "Monina" ladrando,
las nubes tronando, el trueno, todo mundo!
¡Qué alegre el día de la ciudad idiota,
sin olor a tierra mojada, sin árboles liberados,
con el cemento cacarizo de viejas iglesias,
con sus gentes mojándose bajo los impermeables!
¡Qué alegre la ternura del sol atreviéndose,
haciéndoles caso a los del frío,
pegándose a las paredes como calcomanía!
¡Qué alegre el desventurado día sucio,
qué alegre sin más, qué alegre!

A ESTAS HORAS, AQUÍ

Habría que bailar ese danzón que tocan en el cabaret de
    abajo,
dejar mi cuarto encerrado
y bajar a bailar entre borrachos.
Uno es un tonto en una cama acostado,
sin mujer, aburrido, pensando,
sólo pensando.
No tengo "hambre de amor", pero no quiero
pasar todas las noches embrocado
mirándome los brazos,
o, apagada la luz, trazando líneas con la luz del cigarro.
Leer, o recordar,
o sentirme tufo de literato,
o esperar algo.
Habría que bajar a una calle desierta
y con las manos en las bolsas, despacio,
caminar con mis pies e irles diciendo:
uno, dos, tres, cuatro. . .
Este cielo de México es obscuro,
lleno de gatos,
con estrellas miedosas
y con el aire apretado.
(Anoche, sin embargo, había llovido,
y era fresco, amoroso, delgado.)
Hoy habría que pasármela llorando
en una acera húmeda, al pie de un árbol,
o esperar un tranvía escandaloso
para gritar con fuerzas, bien alto.
Si yo tuviera un perro podría acariciarlo.
Si yo tuviera un hijo le enseñaría mi retrato
o le diría un cuento
que no dijera nada pero que fuera largo.
Yo ya no quiero, no, yo ya no quiero
seguir todas las noches vigilando
cuándo voy a dormirme, cuándo.
Yo lo que quiero es que pase algo,
que me muera de veras

o que de veras esté fastidiado,
o cuando menos que se caiga el techo
de mi casa un rato.

La jaula que me cuente sus amores con el canario.
La pobre luna, a la que todavía le cantan los gitanos,
y la dulce luna de mi armario,
que me digan algo,
que me hablen en metáforas, como dicen que hablan,
este vino es amargo,
bajo la lengua tengo un escarabajo.

¡Qué bueno que se quedara mi cuarto
toda la noche solo,
hecho un tonto, mirando!

NO QUIERO PAZ, NO HAY PAZ

No quiero paz, no hay paz,
quiero mi soledad.
Quiero mi corazón desnudo
para tirarlo a la calle,
quiero quedarme sordomudo.
Que nadie me visite,
que yo no mire a nadie,
y que si hay alguien, como yo, con asco,
que se lo trague.
Quiero mi soledad,
no quiero paz, no hay paz.

CARTA A JORGE

Hermano:
hay cuatro o cinco nombres obscuros
que sangran la poesía.
El exterminio asiste a los amantes.
Hay quién sin darse cuenta camina en el suicidio

como si visitara la muerte de un extraño.
El hombre dice polvo y soledad y angustia.
La esperanza, asustada, se refugia en los niños
y en los tontos
y en nosotros, los que todavía, por la gracia del verbo,
    somos desgraciados.
La tierra ignora, el hombre trata
de conocer, levanta la cabeza en que los ojos brillan.
Hermano: estoy enfermo, estamos
bebiendo diariamente vida y muerte mezcladas,
en nuestro pan hay piedras,
tenemos sucio el llanto,
acudimos a nuestro corazón como a una casa limpia
pero tenemos que dormir sobre montones de basura
y cuando llega el día no podemos tomar leche al pie de la
    vaca
sino brebajes de perdición en manos de brujas.
Amanecer no es hoy darse cuenta del día.
La sangre a veces se congela en los ojos
que quieren ver el mundo.
Tu mano de amor se hará de piedra
si tratas de secar el llanto a tu vecino.
No hables, no escuches nada, no socorras,
no llames en tu auxilio,
que cada quien se ahogue bajo sus propios gritos,
en sus gestos de espanto para la mímica universal.
Hermano: tu desaliento no tiene sentido,
óyeme hablar de la primavera.
Yo siento a veces que los pulmones se me quiebran,
que la carne toda se me quiebra
igual que un vidrio golpeado por un martillo;
siento que alguien les aprieta el pescuezo a los pájaros
    dentro de las jaulas,
que alguien mete un perro y un gato en un costal,
que les dan con un mazo en la nuca a los corderos,
que degüellan niñas, juntándoles la cabeza a la espalda;
pero óyeme hablar de la primavera.
La miel se cosecha todavía en las bodegas
y en los libros. La ternura existe.

Vamos a morirnos cada quien en su sitio
calladamente. No hay que darle importancia.

LOS HE VISTO EN EL CINE

Los he visto en el cine,
frente a los teatros,
en los tranvías y en los parques,
los dedos y los ojos apretados.
Las muchachas ofrecen en las salas oscuras
sus senos a las manos
y abren la boca a la caricia húmeda
y separan los muslos para invisibles sátiros.
Los he visto quererse anticipadamente, adivinando
el goce que los vestidos cubren, el engaño
de la palabra tierna que desea,
el uno al otro extraño.
Es la flor que florece
en el día más largo,
el corazón que espera,
el que tiembla lo mismo que un ciego en un presagio.

Esa niña que hoy vi tenía catorce años,
a su lado sus padres le miraban la risa
igual que si ella se la hubiera robado.

Los he visto a menudo
—a ellos, a los enamorados—
en las aceras, sobre la yerba, bajo un árbol,
encontrarse en la carne,
sellarse con los labios.
Y he visto el cielo negro
en el que no hay ni pájaros,
y estructuras de acero
y casas pobres, patios,
lugares olvidados.
Y ellos, constantes, tiemblan,
se ponen en sus manos,

y el amor se sonríe, los mueve, les enseña,
igual que un viejo abuelo desengañado.

DESPUÉS DE TODO

Después de todo –pero después de todo–
sólo se trata de acostarse juntos,
se trata de la carne,
de los cuerpos desnudos,
lámpara de la muerte en el mundo.

Gloria degollada, sobreviviente
del tiempo sordomudo,
mezquina paga de los que mueren juntos.

A la miseria del placer, eternidad,
condenaste la búsqueda, al injusto
fracaso encadenaste sed,
clavaste el corazón a un muro.

Se trata de mi cuerpo al que bendigo,
contra el que lucho,
el que ha de darme todo
en un silencio robusto
y el que se muere y mata a menudo.

Soledad, márcame con tu pie desnudo,
aprieta mi corazón como las uvas
y lléname la boca con su licor maduro.

EN MEDIO DE LAS RISAS

En medio de las risas y testigo del llanto,
oyendo y viendo gentes remotas a mi lado,
en una soledad sin palabras ni gestos,
acaso solo y triste, me doy cuenta, me hablo.
Por este no morirme me estoy muriendo a diario.

Desde mi cuerpo grito noche a noche, me espanto
de que sean míos mis brazos,
de que yo sea mi cuerpo, tan ajeno, tan largo.
El dolor de mi espalda no es mi dolor. ¡Qué amargo
el endulzar las horas con libros sabios!

Podría estar aquí si no estuviera
en un hombre sin labios.
Me aproximo a la tinta cuando escribo llorando.
Hace una hora estuve en un Café, en la calle,
en un colegio del que mejor no hablo.
Ayer fui al cine. Antier
me quedé en mi cuarto.
Todos hacen que viven o que mueren,
yo hago que hago.

Hablo de este dolor y de esta ausencia,
de tu dolor y de tu ausencia es que hablo.
De tu pleito de anoche con tu hermano,
de tu tristeza, huérfano, de tu disgusto, enamorado,
de tu esperanza, pobre, de tu ternura, desgraciado.
Hablo de todo lo que tiene origen
en este estar aquí desesperado
y hablo también de lo que no lo tiene
y nos zozobra dentro y nos golpea
como un pájaro ciego enajenado.

Mi sangre es sangre de hombre
y yo no la compré ni la regalo.
Cae gota a gota de mi lengua cuando hablo
porque tengo la lengua en mi quijada
clavada con un clavo.
Pero mi sangre abunda,
viene de todos los desamparados,
de todos los que no esperan nada esperanzados.

Terribles, largos días, breves años,
sin casa nunca, sin descanso.
El corazón golpeándome en las manos.

los ojos sumergidos en un vaso con noche
sobre el buró, mirando.
Y otra vez el rebelde y el manso.
Y el buscarse entre extraños
que se visten de uno y hablan como uno a ratos.

Quizás yo soy este dolor de muelas
en la cara del diablo.
Detrás de todas las ventanas vacías
que ven pasar de noche el viejo del espanto
yo soy como una vela enmudecida
en las manos de sombra del milagro.

OTRA CARTA

Siempre estás a mi lado y yo te lo agradezco.
Cuando la cólera me muerde, o cuando estoy triste
—untado con el bálsamo de la tristeza como para morirme—
apareces distante, intocable, junto a mí.
Me miras como a un niño y se me olvida todo
y ya sólo te quiero alegre, dolorosamente.
He pensado en la duración de Dios,
en la manteca y el azufre de la locura,
en todo lo que he podido mirar en mis breves días.
Tú eres como la leche del mundo.
Te conozco, estás siempre a mi lado más que yo mismo.
¿Qué puedo darte sino el cielo?
Recuerdo que los poetas han llamado a la luna con mil
     nombres
—medalla, ojo de Dios, globo de plata,
moneda de miel, mujer, gota de aire—
pero la luna está en el cielo y sólo es luna,
inagotable, milagrosa como tú.
Yo quiero llorar a veces furiosamente
por no sé qué, por algo,
porque no es posible poseerte, poseer nada,
dejar de estar solo.

Con la alegría que da hacer un poema,
o con la ternura que en las manos de los abuelos tiembla,
te aproximas a mí y me construyes
en la balanza de tus ojos,
en la fórmula mágica de tus manos.
Un médico me ha dicho que tengo el corazón de gota
–alargado como una gota– y yo lo creo
porque me siento como una gruta
en que perpetuamente cae, se regenera y cae
perpetuamente.

Bendita entre todas las mujeres
tú, que no estorbas,
tú que estás a la mano como el bastón del ciego,
como el carro del paralítico.
Virgen aún para el que te posee,
desconocida siempre para el que te sabe,
¿qué puedo darte sino el infierno?
Desde el oleaje de tu pecho
en que naufraga lentamente mi rostro,
te miro a ti, hacia abajo, hasta la punta de tus pies
en que principia el mundo.
Piel de mujer te has puesto,
suavidad de mujer y húmedos órganos
en que penetro dulcemente, estatua derretida,
manos derrumbadas con que te toca la fiebre que soy
y el caos que soy te preserva.
Mi muerte flota sobre ambos
y tú me extraes de ella como el agua de un pozo,
agua para la sed de Dios que soy entonces,
agua para el incendio de Dios que alimento.

Cuando la hora vacía sobreviene
sabes pasar tus dedos como un ungüento,
posarlos en los ojos emplumados,
reír con la yema de tus dedos.
¿Qué puedo darte ya sino la tierra?
Sembrado en el estiércol de los días
miro crecer mi amor, como los árboles

a que nadie ha trepado y cuya sombra
seca la yerba, y da fiebre al hombre.

Imperfecta, mortal, hija de hombres,
verdadera,
te usurpo, ya lo sé, diariamente,
y tu piedad me usa a todas horas
y me quieres a mí, y yo soy entonces,
como un hijo nuestro largamente deseado.

Quisiera hablar de ti a todas horas
en un congreso de sordos,
enseñar tu retrato a todos los ciegos que encuentre.
Quiero darte a nadie
para que vuelvas a mí sin haberte ido.

En los parques, en que hay pájaros y un sol en hojas
    por el suelo,
donde se quiere dulcemente a las solteronas que miran a
    los niños,
te deseo, te sueño.
¡Qué nostalgia de ti cuando no estás ausente!
(Te invito a comer uvas esta tarde
o a tomar café, si llueve,
y a estar juntos siempre, siempre, hasta la noche.)

TÍA CHOFI

Amanecí triste el día de tu muerte, tía Chofi,
pero esa tarde me fui al cine e hice el amor.
Yo no sabía que a cien leguas de aquí estabas muerta
con tus setenta años de virgen definitiva,
tendida sobre un catre, estúpidamente muerta.
Hiciste bien en morirte, tía Chofi,
porque no hacías nada, porque nadie te hacía caso,
porque desde que murió abuelita, a quien te consagraste,
ya no tenías qué hacer y a leguas se miraba
que querías morirte y te aguantabas.

¡Hiciste bien!
Yo no quiero elogiarte como acostumbran los
    arrepentidos
porque te quise a tu hora, en el lugar preciso,
y harto sé lo que fuiste, tan corriente, tan simple,
pero me he puesto a llorar como una niña porque te
    moriste.
¡Te siento tan desamparada,
tan sola, sin nadie que te ayude a pasar la esquina,
sin quién te dé un pan!
Me aflige pensar que estás bajo la tierra
tan fría de Berriozábal,
sola, sola, terriblemente sola,
como para morirse llorando.
Ya sé que es tonto eso, que estás muerta,
que más vale callar,
¿pero qué quieres que haga
si me conmueves más que el presentimiento de tu
    muerte?

Ah, jorobada, tía Chofi,
me gustaría que cantaras
o que contaras el cuento de tus enamorados.
Los campesinos que te enterraron sólo tenían
tragos y cigarros,
y yo no tengo más.
Ha de haberse hecho el cielo ahora con tu muerte,
y un Dios justo y benigno ha de haberte escogido.
Nunca ha sido tan real eso en lo que creíste.
Tan miserable fuiste que te pasaste dando tu vida
a todos. Pedías para dar, desvalida.
Y no tenías el gesto agrio de las solteronas
porque tu virginidad fue como una preñez de muchos
    hijos.
En el medio justo de dos o tres ideas que llenaron tu vida
te repetías incansablemente
y eras la misma cosa siempre.
Fácil, como las flores del campo
con que las vecinas regaron tu ataúd,

nunca has estado tan bien como en ese abandono de la
   muerte.
Sofía, virgen, antigua, consagrada,
debieron enterrarte de blanco
en tus nupcias definitivas.
Tú que no conociste caricia de hombre
y que dejaste llegaran a tu rostro arrugas antes que besos,
tú, casta, limpia, sellada,
debiste llevar azahares tu último día.
Exijo que los ángeles te tomen
y te conduzcan a la morada de los limpios.
Sofía virgen, vaso transparente, cáliz,
que la muerte recoja tu cabeza blandamente
y que cierre tus ojos con cuidados de madre
mientras entona cantos interminables.
Vas a ser olvidada de todos
como los lirios del campo,
como las estrellas solitarias;
pero en las mañanas, en la respiración del buey,
en el temblor de las plantas,
en la mansedumbre de los arroyos,
en la nostalgia de las ciudades,
serás como la niebla intocable, hálito de Dios que
   despierta.

Sofía virgen, desposada en un cementerio de provincia,
con una cruz pequeña sobre tu tierra,
estás bien allí, bajo los pájaros del monte,
y bajo la yerba, que te hace una cortina para mirar al
   mundo.

CON GANAS DE LLORAR

Con ganas de llorar, casi llorando,
traigo a mi juventud, sobre mis brazos,
el paño de mi sangre en que reposa
mi corazón esperanzado.

66

Débil aquí, convaleciente, extraño,
sordo a mi voz, marcado
con un signo de espanto,
llego a mi juventud como las hojas
que el viento hace girar alrededor del árbol.

Pocas palabras aprendí
para decir el raro
suceso de mi estrago:
sombra y herida,
lujuria, sed y llanto.

Llego a mi juventud y me derramo
de ella como un licor airado,
como la sangre de un hermoso caballo
como el agua en los muslos
de una mujer de muslos apretados.

Mi juventud no me sostiene, ni sé yo
lo que digo y lo que callo.
Estoy en mi ternura
lo mismo que en el sueño están los párpados,
y si camino voy como los ciegos
aprendiéndolo todo por sus pasos.

Dejadme aquí. Me alegro. Espero algo.
No necesito más que un alto
sueño, y un incesante fracaso.

LOS DÍAS INÚTILES

Los días inútiles son como una costra
de mugre sobre el alma.
Hay una asfixia lenta que sonríe,
que olvida, que se calla.
¿Quién me pone estos sapos en el pecho
cuando no digo nada?
Hay un idiota como yo andando,

platicando con gentes y fantasmas,
echándose en el lodo y escarbando
la mierda de la fama.
Puerco de hocico que recita versos
en fiestas familiares, donde mujeres sabias
hablan de amor, de guerra,
resuelven la esperanza.
Puerco del mundo fácil
en que el engaño quiere hacer que engaña
mientras ácidos lentos
llevan el asco a la garganta.
Hay un hombre que cae días y días
de pie, desde su cara,
y siente que en su pecho van creciendo
muertes y almas.
Un hombre como yo que se avergüenza,
que se cansa,
que no pregunta porque no pregunta
ni quiere nada.
¿Qué viene a hacer aquí tanta ternura fracasada?
¡Díganle que se vaya!

NO QUIERO DECIR NADA

No quiero decir nada,
porque no sé, porque no puedo,
porque no quiero decir nada.
Quiero hablar, barbotar, hacer ruido,
como una olla con su escándalo de agua.
Si grito, van a venir las gentes
a socorrerme. No tengo ganas.
Una boca discreta, desdentada,
que no diga nada.
Parla parlaba.
Igual a la del tío agonizante
glogloteando sin palabras.
Aquí lo enterraron. ¡Basta!

AMANECE EL PRESAGIO

Amanece el presagio al pie de la cama.
Largos vestidos negros en el aire andan.
Un gusano le casca el corazón al día
y el miedo aúlla en el alma.

Inmóvil en la sombra, mudo como una planta,
sembrado, quieto, en un temor de nada,
con derrumbes de carne para dentro
pero sin haber muerto.

Espanto, locura de ciego,
trapo del viento,
bozal de frío,
cuchillo de silencio,
apedreado río.
Víbora con un niño,
agonía de buey,
bruja en llamas,
rosa manchada,
boca de perro prendida a la garganta.
Espanto, burbuja de muerto en una zanja,
parto a medias,
ojo colgado de la cara.
(Con la lengua en la mano,
de látigo, mojada,
castiga el lomo,
les pega a las muchachas
en las nalgas.

La lujuria en mis dientes
con mi saliva escarba,
abre, conoce, siembra,
muere, se espanta.)

Augurio, llanto apretado,
deseo del mal, esperanza asustada,
boca maldita, amarga,

hermano asesinado, padre muerto,
madre sellada,
casa vacía, mujer tuya violada,
ciudad de escombros, tierra quemada,
corazón podrido,
taladro que taladra,
peste del alma.
Día del asco, augurio,
alambre, muerte ensartada,
boca maldita, amarga.

ES UN TEMOR DE ALGO

Es un temor de algo, de cualquier cosa, de todo.
Se amanece con miedo.
El miedo anda bajo la piel, recorre el cuerpo
como una culebra.
No se quisiera hablar, mirar, moverse.
Se es frágil como una lámina de aire.
Vecino de la muerte a todas horas,
hay que cerrar los ojos, defenderse.
Se está enfermo de miedo como de paludismo,
se muere de soledad como de tisis.
Alguien se refugia en las pequeñas cosas,
los libros, el café, las amistades,
busca paz en la hembra,
reposa en la esperanza,
pero no puede huir, es imposible:
amarrado a sus huesos,
atado a su morir como a su vida.
Ha de aprender con llanto y alegría.
Ha de permanecer con los ojos abiertos
en el agua espesa de la noche
hasta que el día llegue a morderle las pupilas.
El día le dará temores, sueños,
alucinadas luces y caricias.
No sabrá preguntar,
no ha de querer morirse.

Oscuramente, con la piel, aprende
a estar, a revivirse.
Sobre sus pies está,
es todo el cuerpo que mira en los espejos
para conocerse, el que miran las gentes,
como lo miran.
Él se saluda en el cristal sin dueño,
se aflige o se descansa,
se da las manos una a otra para consolarse.
Oye su corazón sobre la almohada
frotándose, raspando como tierra,
aventándole sangre.
Es como un perro de animal,
como un lagarto, como un escarabajo, igual.

Se recuerdan los días en que somos un árbol,
una planta en el monte,
hablando por los poros silenciosamente.
Llenos de Dios, como una piedra,
con el Dios clausurado, perfecto, de la piedra.

Uno quisiera encender cuatro cirios
en las esquinas de la cama, al levantarse,
para velar el cadáver diario que dejamos.
Ora por nosotros, mosca de la muerte,
párate en la nariz de los que ríen.

Tenemos, nos tenemos atrás, en nuestra espalda,
miramos por encima de nuestros hombros
qué hacemos, qué somos.
Nos dejamos estar en esas manos
que las cosas extienden en el aire
y nos vamos, nos llevan
hora tras hora a este momento.

Vida maravillosa que vivimos,
que nos vive, que nos envuelve
en la colcha de la muerte.
Salimos, como del baño, del dolor

y entramos a las cosas limpiamente.
Dulce cansancio del reposo,
el sol vuelve a salir y el hombre sale
a que lo empuje el viento.
(Vuelvo a plancharme el rostro en el espejo,
bozal al corazón, que ya es de día.)

Hijo soy de las horas, hijo ciego,
balbuceante, mecido en un obscuro pensamiento.
No soy éste o el otro, soy ninguno,
qué importa lo que soy, mano de fuego,
llanto de sólo un ojo, danza de espectros.
Hígado y tripas soy, vísceras, sangre,
corazón ensartado en cada hueso.
De paso voy pero no al paso
del reloj o del sueño,
no con mis pies o con los pies de nadie,
no lo sé, no lo quiero.
Me apagan y me encienden, me encendieron
como una flor en el pecho de un muerto,
me apagaron como apagar la leche
en los ojos dulces del becerro.
Fumo, y es algo ya. Bebo,
como mi pan, mi sal y mi desvelo,
me dedico al amor, ejerzo el canto,
gano mujer, me pierdo.
Todo esto sé. ¿Qué más?
Guerra y paz en el viento,
palomas en el viento de mis dedos,
tumbas desde mis ojos,
yerbas en el paladar de este silencio.

Hablemos poco a poco. Nada es cierto.
Nos confundimos, apenas si alcanzamos
a decir la mitad de esto o aquello.
Nos ocurren las cosas como a extraños
y nos tenemos lejos.
He aquí que no sabemos.

72

Sobre la tierra hay días ignorados,
bosques, mares y puertos.

SIGUE LA MUERTE

(I)

No digamos la palabra del canto,
cantemos. Alrededor de los huesos,
en los panteones, cantemos.
Al lado de los agonizantes,
de las parturientas, de los quebrados, de los presos,
de los trabajadores, cantemos.
Bailemos, bebamos, violemos.
Ronda del fuego, círculo de sombras,
con los brazos en alto, que la muerte llega.

Encerrados ahora en el ataúd del aire,
hijos de la locura, caminemos
en torno de los esqueletos.
Es blanda y dulce como una cama con mujer.
Lloremos.
Cantemos: la muerte, la muerte, la muerte,
hija de puta, viene.

La tengo aquí, me sube, me agarra
por dentro.
Como un esperma contenido,
como un vino enfermo.
Por los ahorcados lloremos,
por los curas, por los limpiabotas,
por las ceras de los hospitales,
por los sin oficio y los cantantes.
Lloremos por mí,
el más feliz, ay, lloremos.

Lloremos un barril de lágrimas.
Con un montón de ojos lloremos.

Que el mundo sepa que lloramos aquí
por el amor crucificado y las vírgenes,
por nuestra hambre de Dios
(¡pequeño Dios el hombre!)
y por los riñones del domingo.

Lloremos llanto clásico, bailando,
riendo con la boca mojada de lágrimas.
Que el mundo sepa que sabemos ser trágicos.
Lloremos por el polvo
y por la muerte de la rosa en las manos de los mendigos.
Yo, el último, os invito
a bailar sobre el cráneo del tiempo.
¡De dos en dos los muertos!
Al tambor, a la luna,
al compás del viento.
¡A cogerse las manos, sepultureros!
Gloria del hombre vivo:
¡espacio para el miedo
que va a bailar la danza que bailemos!

Tranca la tranca,
con la musiquilla del concierto
¡qué fácil es bailar remuerto!

(II)

¿Vamos a seguir con el cuento del canto y de la risa?
¡Ojos de sombra, corazón de ciego!
Pirámides de huesos se derrumban,
la madre hace los muertos.
Aremos los panteones y sembremos.
Trigo de muerto, pan de cada día,
en nuestra boca coja saliva.
(Moneda de los muertos sucia y salada,
en mi lengua hace de hostia petrificada.)
Hay que ver florecer en los jardines
piernas y espaldas entre arroyos de orines.
Cráneos con sus helechos, dientes violetas,

74

margaritas en las caderas de los poetas.
Que en medio de esto cante
el loco pájaro gigante,
aleluya en el ala del vuelo,
aleluya por el cielo.

¡De pie, esqueletos!
Tenemos las sonrisas por amuletos.
¡Entremos a la danza,
en las cuencas los ojos de la esperanza!

(III)

Hay que mirar los niños en la flor de la muerte
    floreciendo,
luz untada en los pétalos nocturnos de la muerte.
Hay que mirar los ojos de los ancianos
mansamente encendidos, ardiendo en el aceite
votivo de la muerte.
Hay que mirar los pechos de las vírgenes
delgados de leche
amamantando las crías de la muerte.
Hay que mirar, tocar, brazos y piernas,
bocas, mejillas, vientres
deshaciéndose en el ácido de la muerte.
Novias y madres caen,
se derrumban hermanos silenciosamente
en el pozo de la muerte.
Ejército de ciegos,
uno tras otro, de repente,
metiendo el pie en el hoyo de la muerte.

(IV)

Acude, sombra, al sitio en que la muerte
nos espera.
Asiste, llanto, visitante negro.
Agujas en los ojos, dedos en la garganta,
brazos de pesadumbre sofocando el pecho.

La desgracia ha barrido el lugar
y ha cercado el lamento.
Coros de ruinas organiza el viento.
Viudos pasan y huérfanos,
y mujeres sin hombre,
y madres arrancadas, con la raíz al aire,
y todos en silencio.
Asiste, hermano, padre,
ven conmigo, ternura de perro.
Mi amor sale como el sol diariamente.
Cortemos la fruta del árbol negro,
bebamos el agua del río negro,
respiremos el aire negro.

No pasa, no sucede, no hablar del tiempo.
Esto ha de ser, no sé, esto es el fuego
—no brasa, no llama, no ceniza—
fuego sin rostro, negro.
Deja que me arranquen uno a uno los dedos,
después la mano, el brazo,
que me arranquen el cuerpo,
que me busquen inútilmente negro.

Vamos, acude, llama, congrega
tu rebaño, muerte, tu pequeño
rebaño del día, enciérralo en tu puño,
aprisco de sueño.
Dejo en ti, madre nuestra,
en ti me dejo.
Gota perpetua,
bautizo verdadero,
en ti, inicial, final, estoy, me quedo.

EPÍLOGO

Mono de la aflicción, hombre de trapo,
hilo del Gran Titiritero,
enséñame tu cara, a ver: un gesto,

ríe, llora, gracioso, pide, pordiosero.
¿Vas a embriagarte? ¡Qué bueno!
¿Vas a querer, a luchar, a independizarte?
¡Eres bravo, bufón, místico del encierro!
Ponte en las manos del día,
aguantador, hombre serio.
¡El destino! Ya. Lo sabes. Un privilegio.
Me gustas precisamente porque comprendes,
porque tienes más amor que desprecio,
satán de mármol, contemplador,
dador, viña del tiempo.
Bien decía yo que no te querían,
poeta, y bien hacías, maestro,
en tirarles margaritas a los cerdos.
¡Ah, riguroso, verdadero,
resistente de la noche, invulnerable del duelo,
árbol del siglo, solo del silencio!

Trabajador, enséñanos,
dinos cuál es tu secreto,
esfinge del sudor,
laberinto del misterio.
¿Te lamentas? ¡Qué inaudible
rumor agonizante, qué pétreo
sucumbir! ¡Ah, entrañable,
te llevas como tu féretro,
burlador austero!

Las zanahorias se salen de la tierra, Maestro,
para bailar en torno a ti
la danza de los difuntos conejos.
Coronas de perejil traen los ángeles
y gallinas en becerros
montan a tu advenimiento.
Desde ahora tu reino
—*ora pro nobis*—
tu reino.
El alacrán te concede la magistratura del incienso.
Las abejas te dan a empollar sus huevos.

En la lengua del buey has de lavar tu cuerpo.

Primordial, tú, y arquitecto,
me tomas a juego.
Me compadeces, vengador,
mientras ríes en silencio.
Tú estás mirando un mar de sombras
definitivamente abierto.

ADÁN Y EVA

(1952)

(I)

—Estábamos en el paraíso. En el paraíso no ocurre nunca nada. No nos conocíamos. Eva, levántate.

—Tengo amor, sueño, hambre. ¿Amaneció?

—Es de día, pero aún hay estrellas. El sol viene de lejos hacia nosotros y empiezan a galopar los árboles. Escucha.

—Yo quiero morder tu quijada. Ven. Estoy desnuda, macerada, y huelo a ti.

Adán fue hacia ella y la tomó. Y parecía que los dos se habían metido en un río muy ancho, y que jugaban con el agua hasta el cuello, y reían, mientras pequeños peces equivocados les mordían las piernas.

(II)

—¿Has visto cómo crecen las plantas? Al lugar en que cae la semilla acude el agua: es el agua la que germina, sube al sol. Por el tronco, por las ramas, el agua asciende al aire, como cuando te quedas viendo el cielo del mediodía y tus ojos empiezan a evaporarse.

Las plantas crecen de un día a otro. Es la tierra la que crece; se hace blanda, verde, flexible. El terrón enmohecido, la costra de los viejos árboles, se desprende, regresa.

¿Lo has visto? Las plantas caminan en el tiempo, no de un lugar a otro: de una hora a otra hora. Esto puedes sentirlo cuando te extiendes sobre la tierra, boca arriba, y tu pelo penetra como un manojo de raíces, y toda tú eres un tronco caído.

—Yo quiero sembrar una semilla en el río, a ver si crece un árbol flotante para treparme a jugar. En su follaje se enredarían los peces, y sería un árbol de agua que iría a todas partes sin caerse nunca.

(III)

La noche que fue ayer fue de la magia. En la noche hay

tambores, y los animales duermen con el olfato abierto como un ojo. No hay nadie en el aire. Las hojas y las plumas se reúnen en las ramas, en el suelo, y alguien las mueve a veces, y callan. Trapos negros, voces negras, espesos y negros silencios, flotan, se arrastran, y la tierra se pone su rostro negro y hace gestos a las estrellas.

Cuando pasa el miedo junto a ellos, los corazones golpean fuerte, fuerte, y los ojos advierten que las cosas se mueven eternamente en su mismo lugar.

Nadie puede dar un paso en la noche. El que entra con los ojos abiertos en la espesura de la noche, se pierde, es asaltado por la sombra, y nunca se sabrá nada de él, como de aquellos que el mar ha recogido.

—Eva, le dijo Adán, despacio, no nos separemos.

(IV)

—Ayer estuve observando a los animales y me puse a pensar en ti. Las hembras son más tersas, más suaves y más dañinas. Antes de entregarse maltratan al macho, o huyen, se defienden ¿Por qué? Te he visto a ti también, como las palomas, enardeciéndote cuando yo estoy tranquilo. ¿Es que tu sangre y la mía se encienden a diferentes horas?

Ahora que estás dormida debías responderme. Tu respiración es tranquila y tienes el rostro desatado y los labios abiertos. Podrías decirlo todo sin aflicción, sin risas.

¿Es que somos distintos? ¿No te hicieron, pues, de mi costado, no me dueles?

Cuando estoy en ti, cuando me hago pequeño y me abrazas y me envuelves y te cierras como la flor con el insecto, sé algo, sabemos algo. La hembra es siempre más grande, de algún modo.

Nosotros nos salvamos de la muerte. ¿Por qué? Todas las noches nos salvamos. Quedamos juntos, en nuestros brazos, y yo empiezo a crecer como el día.

Algo he de andar buscando en ti, algo mío que tú eres y que no has de darme nunca.

82

¿Por qué nos separaron? Me haces falta para andar, para ver, como un tercer ojo, como otro pie que sólo yo sé que tuve.

(V)

—Mira, ésta es nuestra casa, éste nuestro techo. Contra la lluvia, contra el sol, contra la noche, la hice. La cueva no se mueve y siempre hay animales que quieren entrar. Aquí es distinto, nosotros también somos distintos.

—¿Distintos porque nos defendemos, Adán? Creo que somos más débiles.

—Somos distintos porque queremos cambiar. Somos mejores.

—A mí no me gusta ser mejor. Creo que estamos perdiendo algo. Nos estamos apartando del viento. Entre todos los de la tierra vamos a ser extraños. Recuerdo la primera piel que me echaste encima: me quitaste mi piel, la hiciste inútil. Vamos a terminar por ser distintos de las estrellas y ya no entenderemos ni a los árboles.

—Es que tenemos uno que se llama espíritu.

—Cada vez tenemos más miedo, Adán.

—Verás. Conoceremos. No importa que nuestro cuerpo. . .

—¿Nuestro cuerpo?

—. . . esté más delgado. Somos inteligentes. Podemos más.

—¿Qué te pasa? Aquella vez te sentaste bajo el árbol de la mala sombra y te dolía la cabeza. ¿Has vuelto? Te voy a enterrar hasta las rodillas otra vez.

(VI)

—El tronco estaba ardiendo cuando se fue la lluvia. El rayo lo venció y se introdujo en él. Ahora es un rayo manso. Lo tendremos aquí y le daremos de comer hojas y yerbas. Me gusta el fuego. Acércale tu mano poco a poco; te acaricia o te quema; puedes saber hasta dónde llega su amistad.

83

—A mí me gusta porque es rojo y azul y amarillo, y se mueve en el aire y no tiene forma, y cuando quiere dormir se esconde en la ceniza y vigila con ojitos rojos desde dentro. ¡Qué simpático! Luego se alza y empieza a buscar; si halla cerca una rama la devora. ¡Me gusta, me gusta, me gusta! ¡Le cuidaré, no estorba, es tan humilde!

—Es orgulloso, pero es bueno. ¿Qué te pasa? Te has quedado. . .

—Nada.

—Tienes los ojos abiertos y estás dormida. ¿Me oyes? También se ha metido en ti. Lo veo en el fondo de tus ojos, como una culebra, enamorándote. Te quedas quieta mientras él te recorre ávidamente. Giras en torno al fuego sin moverte.

Fuego lento, preciso, árbol continuo, nos atraen tus hojas instantáneas, tu tronco permanente. Déjanos estar junto a ti, junto a tu amor hambriento. Creces aniquilando, medida de la destrucción, estatura hacia dentro, duración hacia atrás, tiempo invertido, muerte muriendo, nacimiento.

Déjanos estar en tus párpados incesantes, investigar contigo lo que buscas, luz en fuga perpetua, en ti, como tú misma, en nosotros.

(VII)

—¿Qué es el canto de los pájaros, Adán?

—Son los pájaros mismos que se hacen aire. Cantar es derramarse en gotas de aire, en hilos de aire, temblar.

—Entonces los pájaros están maduros y se les cae la garganta en hojas, y sus hojas son suaves, penetrantes, a veces rápidas. ¿Por qué?, ¿por qué no estoy madura yo?

—Cuando estés madura te vas a desprender de ti misma, y lo que seas de fruta se alegrará, y lo que seas de rama quedará temblando. Entonces lo sabrás. El sol no te ha penetrado como al día, estás amaneciendo.

—Yo quiero cantar. Tengo un aire apretado, un aire de pájaro y de mí. Yo voy a cantar.

—Tú estás cantando siempre sin darte cuenta. Eres

84

igual que el agua. Tampoco las piedras se dan cuenta, y su cal silenciosa se reúne y canta silenciosamente.

(VIII)

—Hace tres días salió Adán y no ha vuelto. Ay, yo era feliz, yo era feliz.

He tenido miedo, no he podido dormir.

Estoy sola, ¿por qué no regresa? Salí a buscarlo pero él no estaba, lo llamé. Me asusta la noche, ¿qué puedo hacer sin él? Todo es muy grande, muy largo, sin rumbo. Estoy perdida, rodeada de cosas extrañas, ¿por qué no vuelve ya?

Adán, Adán, Adán, se va a apagar el fuego, me voy a apagar yo, y tú no vuelves. ¿Qué vas a encontrar?

Y Eva se ha quedado dormida. Y estaba dormida cuando llegó Adán.

Adán llegó cansado pero no descansó. Se puso a mirarla, y la estuvo mirando por primera vez.

(IX)

—¡Qué fresca es la sombra del plátano! De una hoja de plátano se desprenden infinitas hojas de agua que están descendiendo siempre. Me gustan las hojas verdes, acanaladas, y los racimos, y los retoños unánimes, agudos, como una bandada de peces hacia arriba. ¿Has visto el tronco? Es un panal de agua.

Me gusta el platanar con su humedad sombría y derribada, con su lecho en que se pudre el sol y con sus hojas golpeadas y tranquilas. Me gusta el platanar cuando llueve porque suena sonoramente, porque se alegra como una bestia bañándose y saltando.

Me gusta la sombra del plátano y sus pequeños nidos de aire, y el aire dulce y torpe aprendiendo a volar. Me gusta tirarme en el suelo sin raíces y sentir cómo transcurre el agua y quedarme inmóvil, oyendo.

(X)

Fuimos al mar. ¡Qué miedo tuve y qué alegría! Es un enorme animal inquieto. Golpea y sopla, se enfurece, se calma, siempre asusta. Parece que nos mirara desde dentro, desde lo hondo, con muchos ojos, con ojos iguales a los que tenemos en el corazón para mirar de lejos o en la obscuridad.

En un principio nos tiró varias veces. Después Adán se enfureció y se puso a dar de puñetazos a las olas. A mí me dio risa, me quedé en la playa mirando. Adán no podía. Al rato salió cansado, húmedo, y no dijo nada, y se durmió.

Entonces me puse a oír el mar. Ya iba obscureciendo. Suena igual que la noche, con un vasto, infinito silencio, con una honda voz. Se extiende su sonido oscuro y nos penetra por todas partes. Es un sonido de agua espesa, de agua que quiere levantarse como un animal herido. .

De ahora en adelante viviremos a la orilla del mar. Aquí están a la misma altura el sol y el mar, a la misma profundidad las estrellas y los grandes peces.

Aprenderemos el mar. Él también tiene sus montañas y sus vastas llanuras, sus pájaros, sus minerales, y su vegetación unánime y difícil. Aprenderemos sus cambios, sus estaciones, su permanencia en el mundo como una enorme raíz, la raíz del árbol de agua que aprieta la tierra, el árbol inmenso que se extiende en el espacio hasta siempre.

El mar es bueno y terrible como mi padre. Yo le quiero decir padre mar. Padre mar, sosténme, engéndrame de nuevo en tu corazón. Hazme incorruptible, receptora del mundo, purificadora a pesar.

(XI)

Me duele el cuerpo, me arden los ojos, parece que estuviera quemándome. Mi agua está hirviendo dentro de mí. Y un viento frío bajo mi piel anda aprisa, frío, y termina empujándome la quijada hacia arriba con golpes menudos

86

e incesantes.

Estoy ardiendo, no puedo ni moverme. Estoy débil, con dolor, con miedo. Eva no ha dormido, está asustada, me ha puesto hojas en la frente. Cuando me puse a hablar anoche se me echó encima y se restregó conmigo y quería callarme. Así se estuvo y tenía los ojos mojados como mi espalda. Le dije que sus ojos también me dolían y ella los cerró contra mi boca.

Ahora tengo sed. Estoy golpeado y seco. Me duele. Tengo la cabeza podrida. No hay una parte mía que no esté peleando con otra. Quiero cerrar mis manos. ¡Qué diferente de mí es todo esto!

Esto es ser otro, otro Adán. Está pasando a través de mí y me duele.

Me gustaría estar rodeado de piedras calientes.

El otro día me gustó un árbol, lo derribé. Caía con ruido quebrándose, cayéndose. Así estoy sonando, así, hacia abajo, apretado, derrumbado, sonando.

(XII)

Es una enorme piedra negra, más dura que las otras, caliente. Parece una madriguera de rayos. Tumbó varios árboles y sacudió la tierra. Es de ésas que hemos visto caer lejos, iluminadas. Se desprenden del cielo como las naranjas maduras y son veloces y duran más en los ojos que en el aire. Todavía tiene el color frío del cielo y está raspada, ardiendo.

—Me gusta verlas caer tan rápidas, más rápidas que los pájaros que tiras. Allá arriba ha de haber un lugar donde mueren y de donde caen. Algunas han de estar cayendo siempre; parece que se van muy lejos, ¿a dónde?

—Ésta vino aquí. Pero la llevaré a otro sitio. La voy a echar rodando hasta los bambúes, los va a hacer tronar. Quiero que se enfríe para abrirla.

—¡Abrirla! ¿Qué tal si sale una bandada de estrellas, si se nos van? Han de salir con ruido, como las codornices.

(XIII)

Eva ya no está. De un momento a otro dejó de hablar. Se quedó quieta y dura. En un principio pensé que dormía. Más tarde la toqué y no tenía calor. La moví, le hablé. La dejé allí tirada.

Pasaron varios días y no se levantó. Empezó a oler mal. Se estaba pudriendo como la fruta, y tenía moscas y hormigas. Estaba muy fea.

La arrastré afuera y le puse bastante paja encima. Diariamente iba a ver cómo estaba, hasta que me cansé y la llevé más lejos. Nunca volvió a hablar. Era como una rama seca.

No sirve para nada, no hace nada. Poco a poco se la come la tierra. Allí está.

Se la come el sol. No me gusta. No se levanta, no habla, no retoña.

Yo la he estado mirando. Es inútil. Cada vez es menos, pesa menos, se acaba.

(XIV)

Ah, tú, guardadora del mundo, dormida, preñada de la muerte, quieta. ¡Qué inútil es hablarte, hablarme!

Hombre solo soy, quedé. Quedé manco, podado; a mi mitad quedé.

Aquí me muero. Porque los ojos de la muerte me han visto y giran alrededor cazándome, llevándome. Aquí me callo. De aquí no me muevo.

(XV)

Bajo mis manos crece, dulce, todas las noches. Tu vientre manso, suave, infinito. Bajo mis manos que pasan y repasan midiéndolo, besándolo; bajo mis ojos que lo quedan viendo toda la noche.

Me doy cuenta de que tus pechos crecen también, llenos de ti, redondos y cayendo. Tú tienes algo. Ríes, miras distinto, lejos.

Mi hijo te está haciendo más dulce, te hace frágil. Suenas como la pata de la paloma al quebrarse.

Guardadora, te amparo contra todos los fantasmas; te abrazo para que madures en paz.

TARUMBA

(1956)

Al general Francisco J. Grajales. D. D. C.

Sálvanos, oh Dios, salud nuestra:
Júntanos y líbranos de las
gentes. . .

CRÓNICAS, 16, 35

. . .porque ha salido el rey de Israel a
buscar una pulga, así como quien
persigue una perdiz por los
montes.

SAMUEL, 26, 20

PRÓLOGO

Estamos haciendo un libro,
testimonio de lo que no decimos.
Reunimos nuestro tiempo, nuestros dolores,
nuestros ojos, las manos que tuvimos,
los corazones que ensayamos;
nos traemos al libro,
y quedamos, no obstante,
más grandes y más miserables que el libro.
El lamento no es el dolor.
El canto no es el pájaro.
El libro no soy yo, ni es mi hijo,
ni es la sombra de mi hijo.
El libro es sólo el tiempo,
un tiempo mío entre todos mis tiempos,
un grano en la mazorca,
un pedazo de hidra.

*

Tarumba.
Yo voy con las hormigas
entre las patas de las moscas.
Yo voy con el suelo, por el viento,
en los zapatos de los hombres,
en las pezuñas, las hojas, los papeles;
voy a donde vas, Tarumba,
de donde vienes, vengo.
Conozco a la araña.
Sé eso que tú sabes de ti mismo
y lo que supo tu padre.
Sé lo que me has dicho de mí.
Tengo miedo de no saber,
de estar aquí como mi abuela
mirando la pared, bien muerta.
Quiero ir a orinar a la luz de la luna.
Tarumba, parece que va a llover.

*

A la casa del día entran gentes y cosas,
yerbas de mal olor,
caballos desvelados,.
aires con música,
maniquíes iguales a muchachas;
entramos tú, Tarumba, y yo.
Entra la danza. Entra el sol.
Un agente de seguros de vida
y un poeta.
Un policía.
Todos vamos a vendernos, Tarumba.

*

Ay, Tarumba, tú ya conoces el deseo.

Te jala, te arrastra, te deshace.
Zumbas como un panal.
Te quiebras mil y mil veces.
Dejas de ver mujer cuatro días
porque te gusta desear,
te gusta quemarte y revivirte,
te gusta pasarles la lengua de tus ojos a todas.
Tú, Tarumba, naciste en la saliva,
quién sabe en qué goma caliente naciste.
Te castigaron con darte sólo dos manos.
Salado Tarumba, tienes la piel como una boca
y no te cansas.
No vas a sacar nada.
Aunque llores, aunque te quedes quieto
como un buen muchacho.

*

La mujer gorda, Tarumba,
camina con la cabeza levantada.
El cojo le dice al idiota: Te alcancé.
El boticario llora por enfermedades.
Yo los miro a todos desde la puerta de mi casa,
desde el agua de un pozo,
desde el cielo,
y sólo tú me gustas, Tarumba,
que quieres café y que llueva.
No sé qué cosa eres,
cuál es tu nombre verdadero,
pero podrías ser mi hermano o yo mismo.
Podrías ser también un fantasma,
o el hijo de un fantasma,
o el nieto de alguien que no existió nunca.
Porque a veces quiero decirte: Tarumba,
¿en dónde estás?

*

En este pueblo, Tarumba,
miro a todas las gentes todos los días.
Somos una familia de grillos.
Me canso.
Todo lo sé, lo adivino, lo siento.
Conozco los matrimonios, los adulterios,
las muertes.
Sé cuándo el poeta grillo quiere cantar,
cuándo bajan los zopilotes al mercado,
cuándo me voy a morir yo.
Sé quiénes, a qué horas, cómo lo hacen,
curarse en las cantinas,
besarse en los cines,
menstruar,
llorar, dormir, lavarse las manos.
Lo único que no sé es cuándo nos iremos,
Tarumba, por un subterráneo,
al mar.

*

A caballo, Tarumba,
hay que montar a caballo
para recorrer este país,
para conocer a tu mujer,
para desear a la que deseas,
para abrir el hoyo de tu muerte,
para levantar tu resurrección.
A caballo tus ojos,
el salmo de tus ojos,
el sueño de tus piernas cansadas.
A caballo en el territorio de la malaria,
tiempo enfermo,
hembra caliente,
risa a gotas.
A donde llegan noticias de vírgenes,

periódicos con santos,
y telegramas de corazones deportivos como una bandera.
A caballo, Tarumba, sobre el río,
sobre la laja de agua, la vigilia,
la hoja frágil del sueño
(cuando tus manos se despiertan con nalgas),
y el vidrio de la muerte en el que miras
tu corazón pequeño.
A caballo, Tarumba,
hasta el vertedero del sol.

*

Oigo palomas en el tejado del vecino.
Tú ves el sol.
El agua amanece,
y todo es raro como estas palabras.
¿Para qué te ha de entender nadie, Tarumba?,
¿para qué alumbrarte con lo que dices
como con una hoguera?
Quema tus huesos y caliéntate.
Ponte a secar, ahora, al sol y al viento.

*

Si alguien te dice que no es cierto,
dile que venga,
que ponga sus manos sobre su estómago y jure,
que atestigüe la verdad de todo.
Que mire la luz en el petróleo de la calle,
los automóviles inmóviles,
las gentes pasando y pasando,
las cuatro puertas que dan al este,
las bicicletas sin nadie,
los ladrillos, la cal amorosa,
las estanterías a tu espalda cayéndose,
las canas en la cabeza de tu padre,

el hijo que no tiene tu mujer,
y el dinero que entra con la boca llena de mierda.
Dile que jure en el nombre de Dios invicto
en el torneo de las democracias,
haber visto y oído.
Porque ha de oír también el crimen de los gatos
y un enorme reloj al que dan cuerda pegado a tu oreja.

*

¿Qué putas puedo hacer con mi rodilla,
con mi pierna tan larga y tan flaca,
con mis brazos, con mi lengua,
con mis flacos ojos?
¿Qué puedo hacer en este remolino
de imbéciles de buena voluntad?
¿Qué puedo con inteligentes podridos
y con dulces niñas que no quieren hombre sino poesía?
¿Qué puedo entre los poetas uniformados
por la academia o por el comunismo?
¿Qué, entre vendedores o políticos
o pastores de almas?
¿Qué putas puedo hacer, Tarumba,
si no soy santo, ni héroe, ni bandido,
ni adorador del arte,
ni boticario,
ni rebelde?
¿Qué puedo hacer si puedo hacerlo todo
y no tengo ganas sino de mirar y mirar?

*

Sobre los ojos, sobre el lomo, cae
como una bestia lenta,
pesa,
respira el agua,
se extiende en la cara de las cosas,

98

agobia.
Nace en el corazón del aire
y envejece en el tiempo,
tesoro de las·piedras,
riñón del árbol,
casa de los ancianos,
trompeta de la muerte.
Animal disperso,
se congrega bajo el sol,
abre la tierra, chupa,
despelleja los ríos,
espanta a las hormigas,
duerme al gato,
y a ti te hace un nudo de víbora
o un huevo aplastado.
Este calor benigno, reparador del mundo,
te entierra a golpes, Tarumba-clavo.

*

Estos días, iguales a otros días de otros años,
con gentes iguales a otras gentes,
con las mismas horas y los mismos muertos,
con los mismos deseos,
con inquietud igual a la de antes;
estos días, Tarumba, te abren los ojos,
el viento largo y fino te levanta.
No pasa nada, ni estás solo.
Pasas tú con el frío desvelado
y pasas otra vez. No sabes dónde,
a dónde, para qué.
Oyes recetas de cocina,
voceadores, maullidos.
¡Fiestas de la barriga, navidad, año nuevo,
qué alegres estamos,
qué buenos somos!
Tú, Tarumba, te pones tus alas de ángel
y yo toco el violín.

Y el viejo mundo aplaude con las uñas
y derrama una lágrima, y sonríe.

*

Lo que soñaste anoche,
lo que quieres, está
tan cerca de tus manos, tan imposible
como tu corazón,
tan difícil como apretar tu corazón.
Lo que anoche, Tarumba, viento de sueño,
sombra de sueño, creció arrebatándote,
era tu paz, era
la larga música del vidrio de tus venas.

Ahora tienes el rostro como un espejo quebrado.
De araña a araña vas, como una mosca,
de día a día zumbas, cabeza de mil ojos,
mano con pelo, bocabierta, tarugo.
No creces nada,
ni siquiera naces.
Chupas de la botella de la muerte
y me dices ¡salud! entre hipo e hipo.

*

Quién sabe en qué rincón del trago,
a qué horas, pensaste
que la vida era maravillosa.
Te pusiste tu cara de idiota
y te alegraste.
Sentiste que ibas a ser papá.
Amaste lo elemental. Hablaste
a las piedras, y sacaste del bolsillo
el resplandor de santo con que te ves tan bien.
Todos dijeron: ¡A un lado!
y pasaste en silencio, sobre la adoración.

Desde esa vez andas de mal humor.
Te molestan las gentes
y aún dentro del sueño
no miras nada.
Adelgazas como el viento
y oyes voces con el corazón.
Eres, casi, tu estatua.
¡Alabado sea Dios!

*

Te puse una cabeza sobre el hombro
y empezó a reír;
una bombilla eléctrica,
y se encendió.
Te puse una cebolla
y se arrimó un conejo.
Te puse mi mano
y estallaste.

Di cuatro golpes sobre tu puerta
a las doce de la noche
con el anillo lunar,
y me abrió la sábana que tiene cuerpo de mujer,
y entré a lo obscuro.

En el agua estabas como una serpiente
y tus ojos brillaban con el verde que les corresponde a
    esas horas.
Entró el viento conmigo
y le subió la falda a la delicia, que se quedó inmóvil.
El reloj empezó a dar la una
de cuarto en cuarto, con una vela en la mano.
La araña abuelita tejía
y la novia del gato esperaba a su novio.
Afuera, Dios roncaba.
Y su vara de justicia, en manos del miedo ladrón,
dirigía un vals en la orquesta.

Me soplaste en el ombligo
y me hinché y ascendí entre los ángeles.
Pero tuve tiempo de ponerme la camisita
y los zapatitos con que me bautizaron.
Tú quedaste como un cigarro ardiendo en el suelo.

*

¡Aleluya!
¿Qué pasa?
Hay una escala de oro invisible
en la que manos invisibles ascienden.
Llevo una flor de estaño en el ojal de la camisa.
Estoy alegre.
Me corto un brazo y lo dejo señalando el camino.
Una mujer embarazada se sienta sobre una silla y aplaude
al jugador de tenis que juega solo.

Tomo el café del sábado.
Me destapo los ojos de un balazo
¡y arriba!

*

Esto es difícil
pero si pones atención aprenderás a hacerlo.
Te sacas la lengua poco a poco
y la enrollas en el carrete de hilo negro.
Guardas tus ojos en un barril de vino
y en la bodega, junto a los estantes,
llamas a Dios tres veces:
Cabalabula-bulacábala-bulabo.
(Para el domingo: domincus-eructur-mintus.
Para el jueves: Jovis-jorovis-multilovis.)
Entonces, sobre la tierra,
los hombres empiezan a volar como los ángeles.
En los mercados venden la felicidad.

Los niños son los jueces.
En todas las esquinas hay una caja de música
y una pila de agua.
Los gatos pasean del brazo a las ancianas ratas
y tú, delgado como una sonrisa, sueñas.

(Paréntesis: el antiguo mirar
de una mujer de negro.
Una mujer antigua,
un negro sin tiempo.
Sonata en tiempo negro
escrita para mujer desvestida de negro.)

Esto se echó a perder, Tarumba.

*

La primera lluvia del año moja las calles,
abre el aire,
humedece mi sangre.
¡Me siento tan a gusto y tan triste, Tarumba,
viendo caer el agua desde quién sabe,
sobre tantos y tanto!
Ayúdame a mirar sin llorar,
ayúdame a llover yo mismo sobre mi corazón
para que crezca como la planta del chayote
o como la yerbabuena.
¡Amo tanto la luz adolescente
de esta mañana
y su tierna humedad!
¡Ayúdame, Tarumba, a no morirme,
a que el viento no desate mis hojas
ni me arranque de esta tierra alegre!

*

Amanece la sangre doliéndome

y el cigarro amargo.
La herida de los ojos abierta para el alcohol del sol.
Y una fatiga, un cansancio, un remordimiento de estar
   vivo.
¿A quién le hago el juego, Tarumba?

(Perdóname. Tú sabes que digo estas cosas por decir
   algo.
Es un remordimiento de estar muerto.)

Mi mujer y mi hijo esperan allí fuera,
y yo me quejo.
Voy a comprar unas frutas para los tres;
me gusta ver que mi hijo brinca en el vientre de su madre
al olor remoto de los mangos.

(Cuando nazca mi hijo, Tarumba, tú le vas a enseñar
los árboles y los caballos.)

   *

Miras pasar, Tarumba, el río del mundo,
las cabezas, los brazos,
los escorzos, las bocas.
Mirar pasar a los amantes separados
y a los sabios del odio,
los dueños de la soledad,
nadando en gritos,
ahogándose en la espuma de su sangre.
En el fondo, piedritas y raíces
sopla el agua y arrastra.
¿Me miras?, ¿me reconoces?, ¿me descifras?
Yo puedo, Tarumba, ser un pulpo,
una araña del agua,
o una burbuja.
Puedo ser una hormiga.

O puedo ser un ojo grande con dos patas pequeñas
y una cola.
Trabajo has de tener para encontrarme,
pero si le pisas el callo a un ángel, yo grito,
y si molestas al lagarto con prédicas de buena voluntad,
te daré un colazo.
Pertenezco a la clase de los anfibios,
de los que pueden vivir también del aire.
¿No ves mi corazón, vejiga inflada,
y mis ojos, hinchados, que se me salen?

*

Quebrado, como un plato,
quebrado de deseos, de nostalgias, de sueños.
Yo soy este que quiere a fulana el día trece de cada mes
y este que llora por la otra y la otra cuando las recuerda.
¡Qué deseo de hembras maduras
y de mujeres tiernas!
Mi brazo derecho quiere una cintura
y mi brazo izquierdo una cabeza.
Mi boca quiere morder y besar y secar lágrimas.
Voy del placer a la ternura
en la casa del loco,
y enciendo veladoras
y quemo mis dedos como copal
y canto con el pecho una ronca canción obscura.
Estoy perdido y quebrado
y no tengo nada ni a nadie,
ni puedo hablar, ni sirve.
Sólo puedo moverme
mientras me cae la ceniza
y me caen piedras y sombras.

*

Va a ser varón porque la madre tiene el vientre

pronunciado
hacia delante. Éste es un signo inconfundible.
Me lo han dicho cinco comadronas de larga experiencia.
Va a ser varón porque se mueve del lado derecho
y porque no da sueño.
Va a ser varón porque el abuelo lo quiere,
y el tío lo quiere, y yo, el padre, lo quiero.
¡Tiene que ser varón!

¿Y por qué varón?
¡Tarumba!

*

Solamente de vez en cuando, o a diario,
pensándolo, o cuando menos lo pienso,
detrás de mí y en medio y por delante,
estoy arruinado, contrito, tapándome
con una manta el corazón
y mis muelas.
Me cae la flor de la bugambilia
y me cae el viento
y me cae mi madre
—y mi padre, y mi mujer y mi hijo—
y me levanto con el nombre ajado
y recojo mi lengua llena de hormigas.
Vivo bien.
No tengo queja de nada ni de nadie.
Sólo que a veces, cuando viene el agua
me mojo a media calle
y cada día me parezco más a un poste.
Alguien me va a decir alguna cosa,
la va a sacar de algún costal de mentiras,
y desde entonces voy a ser feliz y triste.
Hoy, de ladrón no paso,
ni paso de vivo.

*

Corriendo de una antorcha a otra,
apagando los montes,
apagando la obscuridad que reza como una bruja
en los hoyos,
y sacando del pelo a los fantasmas de las casas solas,
¡mírame, Tarumba, qué ágil,
qué robusta tuberculosis,
qué guadaña manejo en tu nombre!
Sic tránsit, agente de la roña,
estoy alegre como a veces
y te doy mi mano encendida.

De todas partes de mi cuerpo viene
esta alegría,
y voy y vamos a mi boca, al tiempo,
para ser arrastrados.
¿Qué quieres que haga para no reírme?
A las once tienen sueño las moscas
y yo no soy profundo mucho tiempo.
Coral de estrellas, luna redonda,
voy a bucearte, aire, mientras me duermo.
Sobre una cuerda floja,
de vacío a vacío, allí ando.
Llevo palomares en el corazón
para todos los días.
Suelto rosas y clavos.
Digo palabras y sueños.
Sobre una cuerda floja,
de balcón a balcón,
de mano a mano de lo innombrable.

*

Mientras como un rábano y tomo una cerveza
a la hora del calor, me acuerdo
del sueño de anoche.

Siento un bienestar erudito en la lengua
de la sal y del beso.
¡Con qué suavidad la unté sobre mi cuerpo!
¡Con qué yodo de amor la quise!
La tengo todavía, penetrada,
sola de mí, perfecta,
hecha para mis brazos y mi boca.
Con el calor, a solas, la recuerda mi vientre,
más fiel que mi corazón, y la desea.
El dulce viento me despierta en las ingles
su contacto, su aroma, su innumerable amor.

*

¡Qué alegría del cuerpo liberado, Tarumba,
en el amanecer después de la lluvia,
con el manso estar del aire penetrándote
y a la mano de tus ojos el cerro con nubes!

Gozosa piel, hora temprana,
luz tierna sonando como una campana.

Antes de que salga el sol criminal
vamos a correr por el pastizal,
vamos a mojarnos las piernas, los brazos,
la boca, los pájaros,
y a dejar el sueño sobre la maleza
con ojos abiertos como una cabeza.

Vámonos, Tarumba, antes de que brote
el chorro del sol guajolote
y queme las hojas y chupe y reseque
la tierra y el alma al téquerreteque.

Yo llevo a mi hijo, tú llevas un gallo
atado a la cola de un rayo;
jugamos los cuatro, mientras la neblina
se roba la sombra como a una sobrina,

y, el barro en las piernas haciendo de bota,
tiramos la risa como una pelota.

Un árbol se acerca, un río se calla,
y dice un conejo: ¡malhaya!
Y un burro de palo rebuzna y cocea
en medio de todos untado de brea.

¡El monte, la lluvia, la paja,
el cielo que sube y que baja!
¡La sangre caliente, la boca repleta,
y el mundo sonando como una trompeta!

*

Después de leer tantas páginas que el tiempo escribe con
    mi mano,
quedo triste, Tarumba, de no haber dicho más,
quedo triste de ser tan pequeño
y quedo triste y colérico de no estar solo.
Me quejo de estar todo el día en manos de las gentes,
me duele que se me echen encima y me aplasten
y no me dejen siquiera saber dónde tengo los brazos,
o mirar si mis piernas están completas.
"Abandona a tu padre y a tu madre"
y a tu mujer y a tu hijo y a tu hermano
y métete en el costal de tus huesos
y échate a rodar, si quieres ser poeta.
Que no te esclavicen ni tu ombligo ni tu sangre,
ni el bien ni el mal,
ni el amor consuetudinario.
Tienes que ser actor de todas las cosas.
Tienes que romperte la cabeza diariamente
sobre la piedra, para que brote el agua.
Después quedarás tirado a un lado
como un saco vacío
(guante de cuero que la mano de la poesía usó),
pero también quedarías tirado por nada.

Yo me quejo, Tarumba, de estar sirviendo a la poesía y al
　　diablo.
Y a veces soy como mi hijo, que se orina en la cama,
y no puede moverse, y llora.

*

Sólo en sueños,
sólo en el otro mundo del sueño te consigo,
a ciertas horas, cuando cierro las puertas
detrás de mí.
¡Con qué desprecio he visto a los que sueñan,
y ahora estoy preso en su sortilegio,
atrapado en su red!
¡Con qué morboso deleite te introduzco
en la casa abandonada, y te amo mil veces
de la misma manera distinta!
Esos sitios que tú y yo conocemos
nos esperan todas las noches como una vieja cama
y hay cosas en lo obscuro que nos sonríen.
Me gusta decirte lo de siempre
y mis manos adoran tu pelo
y te estrecho, poco a poco, hasta mi sangre.
Pequeña y dulce, te abrazas a mi abrazo,
y con mi boca en tu boca, te busco y te busco.
A veces lo recuerdo. A veces
sólo el cuerpo cansado me lo dice.
Al duro amanecer estás desvaneciéndote
y entre mis brazos sólo queda tu sombra.

*

¡En qué pausado vértigo te encuentras,
qué sombras bebes en qué sonoros vasos!
¡Con qué manos de hule estás diciendo adiós
y qué desdentada sonrisa echas por delante!
Te miro poco a poco tratando de quererte

110

pero estás mojado de alcohol
y escupes en la manga de tu camisa
y los pequeños vidrios de tus ojos se caen.
¿A dónde vas, hermano?
¿De qué vergüenza huyes?,
¿de qué muerte te escondes?
Yo miro al niño que fuiste,
cómo lo llevas de la mano
de cantina a cantina, de un hambre a otra.
Me hablas de cosas que sólo tu madrugada conoce,
de formas que sólo tu sueño ha visto,
y sé que estamos lejos, cada uno en el lugar de su miseria,
bajo la misma lluvia de esta tarde.
Tú no puedes flotar, pero yo hundirme.
Vamos a andar del brazo, como dos topos amarillos,
a ver si el dios de los subterráneos nos conduce.

*

Ahí viene un galope subterráneo,
viene un mar rompiendo,
viene un ventarrón de Marte.
(Alguien ha de explicarme
por qué no suceden tantas cosas.)
Viene un golpe de sangre
desde mis pies de barro,
vienen canas en busca de mi edad,
tablas flotando para mi ataúd.
(El Rey de Reyes come un elote, espera,
se prueba unas sandalias de hoja de plátano.)
Viene mi abuelita Chus,
que cumplió trece desaños,
trece años en la muerte,
trece años para atrás, para lo hondo.
Me visitan Tony, Chente, mi tía Chofi,
y otros amigos enterrados.
Pienso en Tito, jalando de la manga a su muerte
y ésta no haciendo caso.

Viene Challito dolorosa
con su hoja de menta
y con un caballito para mi hijo.
Y viene el aguacero más grande de todos los tiempos
y el miedo de los rayos,
y tengo que subirme a un arca transformado en buey
para la vida dichosa que nos espera.

*

Cabalabula nuevamente.
Algo tiene que decirse a estas horas.
Voy en busca de pan.
Voy a ganar dinero.
Voy buscando un lugar dónde caerme muerto.
Traigo la canasta del mercado
con verduras y carne
y una bolsa de arroz y un manojito de flores silvestres,
pero vengo pensando en mi marido que no llegó a dormir
    anoche.

Yo voy a la escuela
con mi cuaderno sin tareas.
Yo estoy de paso y nomás miro.
Y este mezquino dolor en la cabeza
metiéndose como un ratón en su agujero.
¿En dónde estará?, ¿qué estará haciendo?
Me muero de mujer a estas horas.
Cabalabula, Tarumba.
En mi vida de perro camino pegado a la pared.
El viento se tuesta la espalda al sol.
Con la mano más larga de las que tengo
me busco, husmeo mi cráneo en el cajón de la basura.

*

En medio de los remolinos, Tarumba,

quisiera escribir mi testamento:
te dejo a ti la virtud que no tengo,
a ti mi cabellera,
a ti mi primer libro,
a ti mis uñas.
Estoy tan definitivamente ahíto,
tan envenenado, tan podrido,
tan cayéndome en costras,
que no quiero ya un pedazo de esta vida feliz
ni un trozo de eternidad para roer.
En medio de estos remolinos otra vez,
sacudido de cóleras inútiles,
hundido en el estiércol inefable,
minuciosamente asesinado,
me acuesto a las seis de la tarde pensando en las horas
    que vienen.
Oigo una gota, tomo un trago,
pienso en el cadáver que haría,
me estiro.
¿Qué testamento escribiré algún día?
No te dejo nada.
Te dejo nada más mi entierro.

*

Quiero que me socorras, Señor, de tanta sombra
que me rodea, de tanta hora que me asfixia.
Quiero que me socorras. Nadie, de esta intranquila
supervivencia, de esta sobremuerte agotadora.
Quiero que me hundas, Padre, de una vez para siempre
en tu caldera de aceite.
Quiero, hijo, que me entierres, bajo piedra y lodo,
y una plancha de acero, sin un árbol.
Quiero que todos griten por mí,
quiero que me acompañen y me auxilien
antes de caerme a mis pies.
(Sobre mis zapatos me voy a caer
como si me quitara el traje.)

113

Quiero que tu divina presencia, Comecaca,
apúntale mi espíritu eterno.
Quiero que el coro de las estrellas
cacofónicas truene.

Quiero que el viento me recorra de norte a sur,
de este a siempre.
Quiero crecer como una piedra regada todas las mañanas
por el jardinero del sol.

*

Le vendí al diablo,
le vendí a la costumbre,
le vendí al amor consuetudinario,
mi riñón, mi corazón, mis hígados.
Se los vendí por una pomada para los callos,
y por el gusto,
y por sentirme bien.
Nadie, desde hoy, podrá decirme
poeta vendido.
Nadie podrá escarbar y jalarme los huesos.
Estoy con la República de China Popular.
Le curo las almorranas a Neruda,
escupo a Franco.
(Nadie podrá decir que no estoy en mi tiempo.)
Detrás del mostrador soy el héroe del día.
Yo soy la resistencia. Oídme.
Soporto el hundimiento.
Desde el balcón nocturno miro al sol.
Desde la empalizada submarina.

*

Duérmete, mi niño, con calentura,
con dolor de cabeza,
estírate.

Duérmete con todo el cuerpo, niño,
envidia de los ángeles,
hijito enfermo.
Duérmete sin el grillo,
sin la aguja,
sin hambre.
Duérmete hasta mañana.
Duérmete, duérmete.
Vámonos a dormir,
a dormirnos.
El tubo de la noche, estírate.
Que se diga que Julio se duerme.
(Porque en la noche viene Tará
y te quita la enfermedad.
Luego encendemos el sol
con un cerillo de alcohol.)
Pero duérmete mi niño,
mi pedacito, a dormir,
a dormirse ya.
(Don Julito el fanfarrón,
don Julito es un fregón.)
Voy a sacudir tu cama:
que no tenga calentura
ni dolor de barriga
ni pulgas.
Aquí pongo este letrero
contra los mosquitos:
que nadie moleste a mi hijo.

*

Vamos a cantar:
tararí, tatá.
El viejito cojo
se duerme con sólo un ojo.
El viejito manco
duerme trepado en un zanco.
Tararí, totó.

No me diga nada usted:
se empieza a dormir mi pie.
Voy a subirlo a mi cuna
antes que venga la tía Luna.
Tararí, tuí,
tuí.

DIARIO SEMANARIO Y POEMAS EN PROSA

(1961)

Así, como este anochecer, me siento. Las últimas luces se pierden en el cielo, y la sombra avanza sobre la tierra inundándola, igual que un agua espesa y oscura. En la ciudad es difícil sentirse perdido. He visto esta maniobra de la luz a través de la ventana, en mi casa, en un departamento atiborrado de ruidos, el calentador, la televisión, los gritos de los niños. Sólo por un instante me di cuenta del cielo. ¡Qué naturaleza, qué Dios tan distante y tan ajeno! Uno vive solo con sus deseos y ni siquiera es el espectáculo de sí mismo.

No hay lugar para la desesperación, ni para la fatiga, ni para la alegría. Pendiente sólo de la pierna que duele, de la hora de ir al trabajo, de la acidez, del dinero gastado, de la hora de acostarse; se resucita a veces, por un momento, con el juego del hijo, con el relámpago del deseo (que le deja a uno la carne alumbrada hasta caer), y a veces también con las páginas blancas de la libreta en que se escribe y que son frente a uno como un espejo en que no se ve el rostro sino el destino.

Preocupado, afligido de Dios, que tiene la cara blanca y vacía, sin una sola palabra ni un gesto, preocupado de la piedra que es la cabeza de Dios (la piedra sobre la mesa de madera, la piedra sobre el agua, la piedra que tienen en la mano los muertos), uno podría hablar de Dios interminablemente, con ternura y con odio, como de un hijo perdido. Uno podría quedarse callado de Dios sin cesar, como se queda callado de la sangre el corazón trabajador y silencioso.

*

La preocupación de uno bajo la lluvia en la noche es la luz del carro y los frenos. Con los frenos mojados es inminente el choque, el atropello, la propia muerte. Pero uno sigue sin detenerse, sin disminuir la velocidad, solamente preocupado de lo previsto. En el fondo se siente que es como la preocupación de la vida, y que es imposible detenerse el día lunes o el martes porque la muerte esté esperándonos el sábado.

En la carretera, como en el tiempo, uno se complace de la eficacia de los parabrisas que barren el agua hacia los lados y alargan la mirada prodigiosamente. ¡Qué grato es el ronroneo del motor, su ruido caliente y amistoso! Nadie se siente solo si se pone a oír el motor: es más humano que la voz del locutor en el radio, mucho más que las canciones y los anuncios.

De pronto descubro que soy una gente civilizada y que me gusta la lluvia alrededor de mí, sin mojarme. Y no siento nostalgia del niño que se desnudaba y salía a brincar al patio bajo el aguacero. A los treinta y cuatro años me resfrío con facilidad, y creo que mi alma también prefiere los tragos calientes, la viejecita.

¡La pobre vieja! ¡Qué estúpido! Si mi alma existiera me acostaría con ella esta noche hasta emputecerla, para que mañana viera el día con vergüenza. No me gusta ser tan civilizado como este que habló hace un momento de "su alma".

*

Dice el radio que los Estados Unidos le piden explicaciones a México por eso de su apoyo moral a Cuba. Hoy, 8 de julio de 1960.

¡Qué pequeño gran país estos Estados Unidos! ¡Cómo han crecido y crecido para hacerse pequeños! Acorralados por todas partes, no saben qué hacer, y cuando hacen algo lo hacen con torpeza. Dan de manotazos tontamente, se ponen serios, amenazan; o sonríen, halagan, para atraerse simpatías.

A este rascacielos de los Estados Unidos le han puesto

demasiados pisos para sus escasos cimientos. ¡Quién sabe a cuántos va a aplastar en su caída! Pero esta hermosa Cuba de hoy, atacada de tan divina locura, enferma de su libertad, aguantará la historia. ¡Y qué bueno que si miró de México el plan y la cordura, le esté enseñando a México el arrojo y la insensatez!

Porque ante la política de la fuerza de los Estados Unidos, sólo la política del atrevimiento puede enfrentarse. ¡De la antigüedad van a venir los dioses, y del porvenir los hombres, en ayuda de la osada Cuba!

*

La tarde del domingo es quieta en la ciudad evacuada. A la orilla de las carreteras la gente planta su diversión afanosamente. Hasta este "contacto con la naturaleza" se toma con trabajo, y los carros se amontonan promiscuamente, lo mismo que las gentes que se quedaron en los cines, en los toros y en otros espectáculos. Nadie busca, en verdad, la soledad, y nadie sabría qué hacer con ella. "Es bueno tomar el aire limpio de tales horas": este espíritu gregario sólo da recetas para vivir.

Igual que la borrachera de los sábados, las visitas a las casas de amor y hasta las maneras del coito, se estereotipan. La vida moderna es la vida del horario y de la mediocridad ordenada. Dios baja a la tierra los domingos por la mañana a las horas de misa.

Pero esta tarde es quieta y libre. El inmenso cielo gris, inmóvil, iluminado, se extiende sobre las casas de los hombres. Y uno sabe, recónditamente, que es perdonado.

Te quiero a las diez de la mañana, y a las once, y a las doce del día. Te quiero con toda mi alma y con todo mi cuerpo, a veces, en las tardes de lluvia. Pero a las dos de la tarde, o a las tres, cuando me pongo a pensar en nosotros dos, y tú piensas en la comida o en el trabajo diario, o en las diversiones que no tienes, me pongo a odiarte sordamente, con la mitad del odio que guardo para mí.

Luego vuelvo a quererte, cuando nos acostamos y siento que estás hecha para mí, que de algún modo me lo dicen tu rodilla y tu vientre, que mis manos me convencen de ello, y que no hay otro lugar en donde yo me venga, a donde yo vaya, mejor que tu cuerpo. Tú vienes toda entera a mi encuentro, y los dos desaparecemos un instante, nos metemos en la boca de Dios, hasta que yo te digo que tengo hambre o sueño.

Todos los días te quiero y te odio irremediablemente. Y hay días también, hay horas, en que no te conozco, en que me eres ajena como la mujer de otro. Me preocupan los hombres, me preocupo yo, me distraen mis penas. Es probable que no piense en ti durante mucho tiempo. Ya ves. ¿Quién podría quererte menos que yo, amor mío?

*

La procesión del entierro en las calles de la ciudad es ominosamente patética. Detrás del carro que lleva el cadáver, va el autobús, o los autobuses negros, con los dolientes, familiares y amigos. Las dos o tres personas llorosas, a quienes de verdad les duele, son ultrajadas por los cláxones vecinos, por los gritos de los voceadores, por las risas de los transeúntes, por la terrible indiferencia del mundo. La carroza avanza, se detiene, acelera de nuevo, y uno piensa que hasta los muertos tienen que respetar las señales del tránsito. Es un entierro urbano, decente y expedito.

No tiene la solemnidad ni la ternura del entierro en provincia. Una vez vi a un campesino llevando sobre los hombros una caja pequeña y blanca. Era una niña, tal vez su hija. Detrás de él no iba nadie, ni siquiera una de esas vecinas que se echan el rebozo sobre la cara y se ponen serias, como si pensaran en la muerte. El campesino iba solo, a media calle, apretado el sombrero con una de las manos sobre la caja blanca. Al llegar al centro de la población iban cuatro carros detrás de él, cuatro carros de desconocidos que no se habían atrevido a pasarlo.

Es claro que no quiero que me entierren. Pero si algún día ha de ser, prefiero que me entierren en el sótano de la casa, a ir muerto por estas calles de Dios sin que nadie se dé cuenta de mí. Porque si amo profundamente esta maravillosa indiferencia del mundo hacia mi vida, deseo también fervorosamente que mi cadáver sea respetado.

*

¡Si uno pudiera encontrar lo que hay que decir, cuando todas las palabras se han levantado del campo como palomas asustadas! ¡Si uno pudiera decir algo, con sólo lo que encuentra, una piedra, un cigarro, una varita seca, un zapato! ¡Y si este decir algo fuera una confirmación de lo que sucede; por ejemplo: agarro una silla: estoy dando un durazno! ¡Si con sólo decir "madera", entendieras tú que florezco; si con decir calle, o con tocar la pata de la cama, supieras que me muero!

No enumerar, ni descifrar. Alcanzar a la vida en esa recóndita sencillez de lo simultáneo. He aquí el rayo asomándose por la persiana, el trueno caminando en el techo, la luz eléctrica impasible, la lluvia sonando, los carros, el televisor, las gentes, todo lo que hace ruido, y la piel de la cama, y esta libreta y mi estómago que me duele, y lo que me alegra y lo que me entristece y lo que pienso, y este café caliente bajando de mi boca adentro,

123

en el mismo instante en que siento frío en los pies y fumo. Para decir todo esto, escojo: "estoy solo", pero me da tos y te deseo, y cierro los ojos a propósito.

Lo más profundo y completo que puede expresar el hombre no lo hace con palabras sino con un acto: el suicidio. Es la única manera de decirlo todo simultáneamente como lo hace la vida. Mientras tanto, hay que conformarse con decir: esta línea es recta, o es curva, y en esta esquina pasa esto, bajo el alero hay una golondrina muerta. Ni siquiera es cierto que sean las seis de la tarde.

*

Me alegro de que el sol haya salido después de tantas horas: me alegro de que los árboles se estiren como quien sale de la cama; me alegro de que los carros tengan gasolina y yo tenga amor; me alegro de que éste sea el día 26 del mes; me alegro de que no nos hayamos muerto.

Me alegro de que haya gentes tristes, como esa muchacha que podría quererme si no quisiera a otro. Me alegro del bueno de Dios que me deja alegrarme.

¡Tilín, Pirrín! Yo estoy alegre: quiero hacerlo todo. No emborracharme con este vaso de tequila sino curar tu alma. Pararme de cabeza para que rías. Sacarte la lengua para que te aprietes la barriga.

Te muerdo debajo de la oreja, te ensalivo el pezón izquierdo, y sé que estoy cerca de tu corazón, ciertamente.

Mira, día: vamos a ser buenos amigos. No daré nada a nadie. Seré generoso: me arrodillaré en una esquina y extenderé mis manos abiertas. Que me den un centavo el sol, el hombre que pasa, las niñas que van a la escuela y hasta las viejecitas que vienen de la iglesia. Quiero ser bueno, como el que acaba de salir de la cárcel.

¡Salud, esqueletos!

*

Dice Rubén que quiere la eternidad, que pelea por esa memoria de los hombres para un siglo, o dos, o veinte. Y yo pienso que esa eternidad no es más que una prolongación, menguada y pobre, de nuestra existencia.

Hay que estar frente a un muro. Y hay que saber que entre nuestros puños que golpean y el lugar del golpe, allí está la eternidad.

Creer en la supervivencia del alma, o en la memoria de los hombres, es lo mismo que creer en Dios, es lo mismo que cargar su tabla mucho antes del naufragio.

*

No quiero convencer a nadie de nada. Tratar de convencer a otra persona es indecoroso, es atentar contra su libertad de pensar o de creer o de hacer lo que le dé la gana. Yo quiero sólo enseñar, dar a conocer, mostrar, no demostrar. Que cada uno llegue a la verdad por sus propios pasos, y que nadie le llame equivocado o limitado. (¿Quién es quién para decir "esto es así", si la historia de la humanidad no es más que una historia de contradicciones y de tanteos y de búsquedas?)

Si a alguien he de convencer algún día, ese alguien ha de ser yo mismo. Convencerme de que no vale la pena llorar, ni afligirse, ni pensar en la muerte. "La vejez, la enfermedad y la muerte", de Buda, no son más que la muerte, y la muerte es inevitable. Tan inevitable como el nacimiento.

Lo bueno es vivir del mejor modo posible. Peleando, lastimando, acariciando, soñando. (¡Pero siempre se vive del mejor modo posible!)

Mientras yo no pueda respirar bajo el agua, o volar (pero de verdad volar, yo solo, con mis brazos), tendrá que gustarme caminar sobre la tierra, y ser hombre, no pez ni ave.

No tengo ningún deseo de que me digan que la luna es diferente a mis sueños.

*

Ocurre que la realidad es superior a los sueños. En vez de pedir "déjame soñar", se debería decir: "déjame mirar".

Juega uno a vivir.

*

Leyendo a Tagore pensé en esto: la lámpara, la vereda, el cántaro en el pozo, los pies descalzos, son un mundo perdido. Aquí están las bombillas eléctricas, los automóviles, el grifo del agua, los aviones de propulsión a chorro. Nadie cuenta cuentos. La televisión y el cine han sustituido a los abuelos, y toda la técnica se acerca al milagro para anunciar jabones y dentífricos.

No sé por qué camino, pero hay que llegar a esa ternura de Tagore y de toda la poesía oriental sustituyendo a la muchacha del cántaro al hombro con nuestra mecanógrafa eficiente y empobrecida. Después de todo, tenemos las mismas nubes, y las mismas estrellas, y, si nos fijamos un poco, el mismo mar.

A esta muchacha de la oficina también le gusta el amor. Y

126

entre el fárrago de papeles que la ensucian todos los días, hay hojas de sueños en blanco que guarda cuidadosamente, recortes de ternuras a que se atreve en soledad.

Yo quiero cantar algún día esta inmensa pobreza de nuestra vida, esta nostalgia de las cosas simples, este viaje suntuoso que hemos emprendido hacia el mañana sin haber amado lo suficiente nuestro ayer.

*

¿Es que hacemos las cosas sólo para recordarlas? ¿Es que vivimos sólo para tener memoria de nuestra vida? Porque sucede que hasta la esperanza es memoria y que el deseo es el recuerdo de lo que ha de venir.

¡Paraíso perdido será siempre el paraíso! A la sombra de nuestras almas se encontraron nuestros cuerpos y se amaron. Se amaron con el amor que no tiene palabras, que tiene sólo besos. El amor que no deja rastro de sí, porque es como la sombra de una nube, la sombra fresca y ligera en que se abren las rosas.

Sexo puro, amor puro. Limpio de engaños y emboscadas. Afán del cuerpo solo que juega a morirse. Risa de dos, como la risa del agua y del niño; la risa de la bestia bajo la lluvia que ríe.

Sobre tu piel llevas todavía la piel de mi deseo, y mi cuerpo está envuelto de ti, igual que de sal y de olor.

¿En dónde estamos, desde hace tantos siglos, llamándonos con tantos nombres Eva y Adán? He aquí que nos acostamos sobre la yerba del lecho, en el aire violento de las ventanas cerradas, bajo todas las estrellas del cuarto a obscuras.

Si hubiera de morir dentro de unos instantes, escribiría estas sabias palabras: árbol del pan y de la miel, ruibarbo, cocacola, zonite, cruz gamada. Y me echaría a llorar.

Uno puede llorar hasta con la palabra "excusado" si tiene ganas de llorar.

Y esto es lo que hoy me pasa. Estoy dispuesto a perder hasta las uñas, a sacarme los ojos y a exprimirlos como limones sobre la taza de café. ("Te convido a una taza de café con cascaritas de ojo, corazón mío.")

Antes de que caiga sobre mi lengua el hielo del silencio, antes de que se raje mi garganta y mi corazón se desplome como una bolsa de cuero, quiero decirte, vida mía, lo agradecido que estoy, por este hígado estupendo que me dejó comer todas tus rosas, el día que entré a tu jardín oculto sin que nadie me viera.

Lo recuerdo. Me llené el corazón de diamantes —que son estrellas caídas y envejecidas en el polvo de la tierra— y lo anduve sonando como una sonaja mientras reía. No tengo otro rencor que el que tengo, y eso porque pude nacer antes y no lo hiciste.

No pongas el amor en mis manos como un pájaro muerto.

*

Me gustan los aletazos de la lluvia sobre los lomos de la ciudad flotante.

Desciende el polvo. El aire queda limpio, atravesado de hojas de olor, de pájaros de frescura, de sueños. El cielo recibe a la ciudad naciente.

Tranvías, autobuses, camiones, gentes en bicicleta y a pie, carritos de colores, vendedores ambulantes, panaderos, ollas de tamales, parrillas de plátanos horneados, pelotas de un niño a otro: crecen las calles, se multiplican los rumores en las últimas luces del día puesto a secar.

Salen, como las hormigas después de la lluvia, a recoger la miga del cielo, la pajita de la eternidad que han de llevarse a sus casas sombrías, con pulpos colgando del techo, con arañas tejedoras debajo de la cama, y con un fantasma familiar, cuando menos, detrás de alguna puerta.

Gracias te son dadas, Madre de las Nubes Negras, que has puesto tan blanca la cara de la tarde y que nos has ayudado a seguir amando la vida.

*

Tengo las amígdalas maduras, los bronquios repletos de esperma de gripe, el cuerpo sumergido en la fiebre, la sangre doliéndome por todos lados, y de oreja a oreja la cuchillada que no me deja hablar.

Por horas enteras no he pensado en nada. Me he puesto a dar de vueltas, a estirarme, a quejarme, a echar afuera un poco de dolor. No he fumado, ni he leído, ni he deseado otra cosa que salir del potro.

Luego empiezan a brotar semillas en la enfermedad, como en un almácigo. Es una erupción del alma por todos los poros de la piel. Como brota la alegría de ciertas músicas, de ciertos contactos, de algunos atardeceres, del corazón silencioso de algunas palabras.

¿Qué otra cosa sino el deseo es la vida?

Sólo la mano del deseo, sólo su aire fresco y estremecido recorriéndonos, levantándonos a vivir.

A la hora precisa, con esa urgencia del mañana, con ese deleite prolongado de la visión exclusiva, sólo el deseo nos despierta a soñar.

*

Las anginas te tumban como una pulmonía, dices, y dices que la enfermedad es un garrote en las manos de un ciego.

Tenemos miedo de saber demasiado.

Ahora las rosas del cielo dejan caer sus pétalos silenciosamente. Esta luz que desciende acaricia.

Recuerdo que besas como si mordieras uvas. Ninguna paloma como tú se había vuelto mujer hasta ahora.

Me gusta pensar en ti desde que pienso.

*

Soy mi cuerpo. Y mi cuerpo está triste y está cansado. Me dispongo a dormir una semana, un mes; no me hablen.

Que cuando abra los ojos hayan crecido los niños y todas las cosas sonrían.

Quiero dejar de pisar con los pies desnudos el frío. Échenme encima todo lo que tenga calor, las sábanas, las mantas, algunos papeles y recuerdos, y cierren todas las puertas para que no se vaya mi soledad.

Quiero dormir un mes, un año, dormirme. Y si hablo dormido no me hagan caso, si digo algún nombre, si me quejo. Quiero que hagan de cuenta que estoy enterrado, y que ustedes no pueden hacer nada hasta el día de la resurrección.

Ahora quiero dormir un año, nada más dormir.

*

¿En qué callejón, a qué horas obscuras, está la casa del placer? Fantasmas deshechos salen en la madrugada a buscar un carro con los últimos centavos en la bolsa.

Las luces quebradas y el parpadeo de la sangre empiezan a localizar el sueño.

En ese instante llega al corazón la culpa.

Estírate o retuércete. Estás en el asador, sobre las brasas, para el hambre que tiene Dios este día.

Almas perdidas en los subterráneos terrestres, conjuradas por el agua vegetal, estranguladas por la asfixia de los rincones ciegos, sacan sus brazos al aire de la calle, a flor de asfalto, por entre las ruedas y las gentes.

Y empieza a caer una llovizna de pelos y ceniza sobre la ciudad, y un olor quemado se arrastra en las banquetas, trepa a las paredes igual que una sombra.

*

En el estadio de la ciudad los borrachos caminan en círculo: cinco metros de rodillas, cinco de pie y cinco de cabeza. Después de esto, cogen su cuerpo del cuello y se arrastran hasta llegar al lugar de partida.

En el círculo que recorren los borrachos hay una laguna, un incendio, un prado cubierto de niebla y muchos vidrios de sol en el suelo. El ángel guardián de los borrachos es siempre una mujer desnuda que está delante de ellos. Cuando el borracho abre los ojos deja de ver.

La palabra con que habla el borracho es un alambre violeta. Sólo el calor del trago le llena el pecho de arañas que hablan obscuramente.

Los borrachos que gritan no duran mucho, se derraman como una arteria rota. Los silenciosos están siempre conversando con Dios.

El diablo es el reverso de la moneda de Dios, la única moneda que les queda después de todo, la que usan para pagar su último trago.

¡Hay que ver la marcha de los borrachos, entre los reflectores de la ciudad, esta semana y la otra, a partir de las once de la noche!

*

El sol no apareció por ningún lado en todo el día. No hubo más que humedad sobre las casas, humedad y tristeza.

He visto pasar un tren de carga, y otro tren lleno de gentes, con sus locomotoras echando humo hacia el bajo techo gris del día. Los automóviles y los niños que juegan en las calles también estaban friolentos, rodeados de neblina.

¿Es el tiempo?, ¿es este tiempo sombrío el que pone el corazón a soñar? ¿Qué música inaudible es la tristeza? Porque todos los deseos de pronto se echan al suelo, cansados, con los ojos cubiertos de lágrimas. Y un solo afán, derrotado y obscuro, sigue adelante.

Esta gana de vivir a pesar de todo, este amor amputado que se levanta sobre sus propios muñones, ¿qué es, sino tristeza, perdón maldito, trago amargo?

Nadie va a saber cuando llegue la noche.

*

¿Tiene uno, como la naturaleza, sus estaciones, sus ciclos de vida? En el curso de quince o veinte días pasa una primavera y un verano en el fondo del alma, y luego viene un día violento en que nos quedamos sin hojas, y fríos, e inmóviles.

Alma mía, cosechadora de lo que siembro con el sudor de mi frente, con el frío sudor de mi frente, ¿puedes decirme a qué horas nos encontramos, en qué sitio desierto vamos a vernos?

El diablo no hace caso de mis citas, y Dios es sordo desde hace tiempo: ven tú, alma mía, testigo mío, dame todo lo que no tienes en tus manos, lo que no te pertenece, tu sonrisa, tus lágrimas.

¿Qué voy a hacer con ello? Nada. Quisiera echarte gasolina encima y prenderte fuego, alma mía. Para recuperarme.

*

A medianoche, a punto de terminar agosto, pienso con tristeza en las hojas que caen de los calendarios incesantemente. Me siento el árbol de los calendarios.

Cada día, hijo mío, que se va para siempre, me deja preguntándome: si es huérfano el que pierde un padre, si es viudo el que ha perdido la esposa, ¿cómo se llama el que pierde un hijo?, ¿cómo, el que pierde el tiempo? Y si yo mismo soy el tiempo, ¿cómo he de llamarme, si me pierdo a mí mismo?

El día y la noche, no el lunes ni el martes, ni agosto ni septiembre; el día y la noche son la única medida de nuestra duración. Existir es durar, abrir los ojos y cerrarlos.

A estas horas, todas las noches, para siempre, yo soy el que ha perdido el día. (Aunque sienta que, igual que sube la fruta por las ramas del durazno, está subiendo, en el corazón de estas horas, el amanecer).

*

En la estación de los ferrocarriles acabo de dejar a la Rosa. La Rosa tiene cáncer y regresa a Tuxtla a morir. Lo sabe, y nos ha recomendado a su hija.

Igual que los toros, uno busca su querencia a la hora de la muerte. Uno lleva consigo el olor de su tierra, las semillas, las hojas de los árboles de su tierra bajo la piel, la arena y el aire en que ha crecido, el agua bautismal de todos los días. Uno quiere confundirse con todas estas cosas cuando se siente herido de muerte.

El cadáver de la Rosa anda buscando su lugar. Hoy toma el tren de las ocho veinticinco rumbo a Tuxtla. ¡Buen viaje!

*

Hay un modo de que me hagas completamente feliz, amor mío: muérete.

Dentro de poco vas a ofrecer estas páginas a los desconocidos como si extendieras en la mano un manojo de yerbas que tú cortaste.

Ufano y acongojado de tu proeza, regresarás a echarte al rincón preferido.

Dices que eres poeta porque no tienes el pudor necesario del silencio.

¡Bien te vaya, ladrón, con lo que le robas a tu dolor y a tus amores! ¡A ver qué imagen haces de ti mismo con los pedazos que recoges de tu sombra!

*

Con la flor del domingo ensartada en el pelo, pasean en la alameda antigua. La ropa limpia, el baño reciente, peinadas y planchadas, caminan, por entre los niños y los globos, y charlan y hacen amistades, y hasta escuchan la música que en el quiosco de la Alameda de Santa María reúne a los sobrevivientes de la semana.

Las gatitas, las criadas, las muchachas de la servidumbre contemporánea, se conforman con esto. En tanto llegan a la prostitución, o regresan al seno de la familia miserable, ellas tienen el descanso del domingo, la posibilidad de un noviazgo, la ocasión del sueño. Bastan dos o tres horas de este paseo en blanco para olvidar las fatigas, y para enfrentarse risueñamente a la amenaza de los platos sucios, de la ropa pendiente y de los mandados que no acaban.

Al lado de los viejos, que andan en busca de su memoria, y de las señoras pensando en el próximo embarazo, ellas disfrutan su libertad provisional y poseen el mundo, orgullosas de sus zapatos, de su vestido bonito, y de su cabellera que brilla más que otras veces.

(¡Danos, Señor, la fe en el domingo, la confianza en las grasas para el pelo, y la limpieza de alma necesaria para mirar con alegría los días que vienen!)

POEMAS SUELTOS

(1951 – 1961)

HE AQUÍ LO QUE SUCEDE

He aquí lo que sucede:
es el once de octubre en la mañana,
1951, en México.
Frío y sol, pero frío
en viento, agudo, alegre. Frío
por todas partes.
En un tercer piso de la calle de Cuba
vivimos varias gentes
de las que el más importante, ahora, soy yo.
Yo soy.
Yo estoy tirado en mi cama
y yo escribo esto.
Yo escucho en el piano del radio
un anuncio de Beethoven.
Yo tomo café y escucho
también motocicletas y camiones
y martillos y gentes.
Yo estoy alegre.
Supe, hace rato, que estaba alegre
porque me puse a cantar
y a decirle al locutor que era un tonto
y a la vida que era estupenda.
Me alegraron unos cieguitos del piso de abajo
que tenían una guitarra y cantaban.
Me alegró una morena preñada que barría y cantaba.
Me alegró doña Lucita asoleándose.
Me alegraron los que andaban en la calle
temblando de frío, y me alegró una muchacha
en un balcón de enfrente coqueteando y temblando.
Yo pienso muchas cosas y recuerdo y asocio.
El frío me ha hecho místico y alegre.
Quizás el sol en el frío.
Quiero hablar del frío:
El frío es bueno para tomar café,
para acostarse,
para hacer el amor,
para que nos digan "tienes las manos frías",

para fumar y para no salir del cuarto.
Para todo lo demás es malo el frío.
Yo estoy alegre y soy bueno
y me perdono y los perdono a ustedes,
y me río de ser tan padre ahora.
Yo saldría a la calle a abrazar a todos
si no hiciera tanto frío.
Les diría: "Hijos míos, padres míos,
no sean tontos, no vayan a ninguna parte,
no se preocupen. Hace frío.
¿Qué tienen ustedes sino este frío?"

¡Salud por los que están tomando el sol o una copa
para calentarse!
¡Por los alegres y los que quieren estar alegres!
¡Yo saludo a los becerros prendidos de las ubres,
a los pájaros que no salen del nido,
a las mujeres que se están entregando,
a los sabios, a los combatientes del frío!
Yo no quiero ofrecerles un poema,
yo quiero darles un vaso de leche caliente
    a cada uno.

TU CUERPO ESTÁ A MI LADO

Tu cuerpo está a mi lado
fácil, dulce, callado.
Tu cabeza en mi pecho se arrepiente
con los ojos cerrados
y yo te miro y fumo
y acaricio tu pelo enamorado.
Esta mortal ternura con que callo
te está abrazando a ti mientras yo tengo
inmóviles mis brazos.
Miro mi cuerpo, el muslo
en que descansa tu cansancio,
tu blando seno oculto y apretado
y el bajo y suave respirar de tu vientre

sin mis labios.
Te digo a media voz
cosas que invento a cada rato
y me pongo de veras triste y solo
y te beso como si fueras tu retrato.
Tú, sin hablar, me miras
y te aprietas a mí y haces tu llanto
sin lágrimas, sin ojos, sin espanto.
Y yo vuelvo a fumar, mientras las cosas
se ponen a escuchar lo que no hablamos.

MI CORAZÓN ME RECUERDA. . .

Mi corazón me recuerda que he de llorar
por el tiempo que se ha ido, por el que se va.

Agua del tiempo que corre, muerte abajo,
tumba abajo, no volverá.

Me muero todos los días
sin darme cuenta, y está
mi cuerpo girando
en la palma de la muerte
como un trompo de verdad.

Hilo de mi sangre, ¿quién te enrollará?

Agua soy que tiene cuerpo,
la tierra la beberá.

Fuego soy, aire compacto,
no he de durar.

El viento sobre la tierra
tumba muertos, sobre el mar,
los siembra en hoyos de arena,
les echa cal.

Yo soy el tiempo que pasa,
es mi muerte la que va
en los relojes andando hacia atrás.

ME TIENES EN TUS MANOS

Me tienes en tus manos
y me lees lo mismo que un libro.
Sabes lo que yo ignoro
y me dices las cosas que no me digo.
Me aprendo en ti más que en mí mismo.
Eres como un milagro de todas horas,
como un dolor sin sitio.
Si no fueras mujer fueras mi amigo.
A veces quiero hablarte de mujeres
que a un lado tuyo persigo.
Eres como el perdón
y yo soy como tu hijo.
¡Qué buenos ojos tienes cuando estás conmigo!
¡Qué distante te haces y qué ausente
cuando a la soledad te sacrifico!
Dulce como tu nombre, como un higo,
me esperas en tu amor hasta que arribo.
Tú eres como mi casa,
eres como mi muerte, amor mío.

VAMOS A GUARDAR ESTE DÍA

Vamos a guardar este día
entre las horas, para siempre.
El cuarto a obscuras,
Debussy y la lluvia,
tú a mi lado, descansando de amar.
Tu cabellera en que el humo de mi cigarrillo
flotaba densamente, imantado, como una mano
    acariciando.
Tu espalda como una llanura en el silencio

142

y el declive inmóvil de tu costado
en que trataban de levantarse, como de un sueño, mis
   besos.

La atmósfera pesada de encierro, de amor, de fatiga,
con tu corazón de virgen odiándome y odiándote.
Todo ese malestar del sexo ahíto,
esa convalecencia en que nos buscaban los ojos
a través de la sombra
para reconciliarnos.
Tu gesto de mujer de piedra,
última máscara en que a pesar de ti te refugiabas,
domesticabas tu soledad.
Los dos, nuevos en el alma, preguntando por qué.
Y más tarde tu mano apretando la mía,
cayéndose tu cabeza blandamente en mi pecho,
y mis dedos diciéndole no sé qué cosas a tu cuello.
Vamos a guardar este día
entre las horas para siempre.

LO PRIMERO QUE HAY QUE DECIR

Lo primero que hay que decir
es esta dulce, esta llorosa arena
cayendo de las manos,
este tiempo, estos días,
este fluir obscuro, inexorable,
y este bendito corazón profundo,
manantial de la muerte, y estos ojos
que no alcanzan a ver ya nada, nada.

¡Qué tristeza, qué fiesta,
qué soledad!

Nadie ha de verlo, nadie
al lugar de los árboles obscuros
podrá llegar; nadie a la espesa sombra
donde el agua flotante, inextinguible

extiende redes; nadie podrá hablar.

Hay un muerto que puede oír las voces de los que
    quiere.
Hay una isla a donde llegan pájaros y cartas.
Hay un cementerio de mujeres en un lugar de abril.
No puedo regresar.
Digo que ya no puedo regresar.

TÚ TIENES LO QUE BUSCO. . .

Tú tienes lo que busco, lo que deseo, lo que amo,
tú lo tienes.
El puño de mi corazón está golpeando, llamando.
Te agradezco a los cuentos,
doy gracias a tu madre y a tu padre,
y a la muerte que no te ha visto.
Te agradezco al aire.
Eres esbelta como el trigo,
frágil como la línea de tu cuerpo.
Nunca he amado a mujer delgada
pero tú has enamorado mis manos,
ataste mi deseo,
cogiste mis ojos como dos peces.
Pero eso estoy a tu puerta, esperando.

CODICIADA, PROHIBIDA

Codiciada, prohibida,
cercana estás, a un paso, hechicera.
Te ofreces con los ojos al que pasa,
al que te mira, madura, derramarte,
al que pide tu cuerpo como una tumba.
Joven maligna, virgen,
encendida, cerrada,
te estoy viendo y amando,
tu sangre alborotada,

tu cabeza girando y ascendiendo,
tu cuerpo horizontal sobre las uvas y el humo.
Eres perfecta, deseada.
Te amo a ti y a tu madre cuando estáis juntas.
Ella es hermosa todavía y tiene
lo que tú no sabes.
No sé a quién prefiero
cuando te arregla el vestido
y te suelta para que busques al amor.

CASIDA DE LA TENTADORA

Todos te desean pero ninguno te ama.
Nadie puede quererte, serpiente,
porque no tienes amor,
porque estás seca como la paja seca
y no das fruto.
Tienes el alma como la piel de los viejos.
Resígnate. No puedes hacer más
sino encender las manos de los hombres
y seducirlos con las promesas de tu cuerpo.
Alégrate. En esa profesión del deseo
nadie como tú para simular inocencia
y para hechizar con tus ojos inmensos.

NO ES QUE MUERA DE AMOR. . .

No es que muera de amor, muero de ti.
Muero de ti, amor, de amor de ti,
de urgencia mía de mi piel de ti,
de mi alma de ti y de mi boca
y del insoportable que yo soy sin ti.

Muero de ti y de mí, muero de ambos,
de nosotros, de ese,
desgarrado, partido,
me muero, te muero, lo morimos.

Morimos en mi cuarto en que estoy solo,
en mi cama en que faltas,
en la calle donde mi brazo va vacío,
en el cine y los parques, los tranvías,
los lugares donde mi hombro acostumbra tu cabeza
y mi mano tu mano
y todo yo te sé como yo mismo.

Morimos en el sitio que le he prestado al aire
para que estés fuera de mí,
y en el lugar en que el aire se acaba
cuando te echo mi piel encima
y nos conocemos en nosotros, separados del mundo,
dichosa, penetrada, y cierto, interminable.

Morimos, lo sabemos, lo ignoran, nos morimos
entre los dos, ahora, separados,
del uno al otro, diariamente,
cayéndonos en múltiples estatuas,
en gestos que no vemos,
en nuestras manos que nos necesitan.

Nos morimos, amor, muero en tu vientre
que no muerdo ni beso,
en tus muslos dulcísimos y vivos,
en tu carne sin fin, muero de máscaras,
de triángulos obscuros e incesantes.
Me muero de mi cuerpo y de tu cuerpo,
de nuestra muerte, amor, muero, morimos.
En el pozo de amor a todas horas,
inconsolable, a gritos,
dentro de mí, quiero decir, te llamo,
te llaman los que nacen, los que vienen
de atrás, de ti, los que a ti llegan.
Nos morimos, amor, y nada hacemos
sino morirnos más, hora tras hora,
y escribirnos y hablarnos y morirnos.

HE AQUÍ QUE TÚ ESTÁS SOLA. . .

He aquí que tú estás sola y que estoy solo.
Haces tus cosas diariamente y piensas
y yo pienso y recuerdo y estoy solo.
A la misma hora nos recordamos algo
y nos sufrimos. Como una droga mía y tuya
somos, y una locura celular nos recorre
y una sangre rebelde y sin cansancio.
Se me va a hacer llagas este cuerpo solo,
se me caerá la carne trozo a trozo.
Esto es lejía y muerte.
El corrosivo estar, el malestar
muriendo es nuestra muerte.

Yo no sé dónde estás. Yo ya he olvidado
quién eres, dónde estás, cómo te llamas.
Yo soy sólo una parte, sólo un brazo,
una mitad apenas, sólo un brazo.
Te recuerdo en mi boca y en mis manos.
Con mi lengua y mis ojos y mis manos
te sé, sabes a amor, a dulce amor, a carne,
a siembra, a flor, hueles a amor, a ti,
hueles a sal, sabes a sal, amor, y a mí.
En mis labios te sé, te reconozco,
y giras y eres y miras incansable
y toda tú me suenas
dentro del corazón como mi sangre.
Te digo que estoy solo y que me faltas.
Nos faltamos, amor, y nos morimos
y nada haremos ya sino morirnos.
Esto lo sé, amor, esto sabemos.
Hoy y mañana, así, y cuando estemos
en nuestros brazos simples y cansados,
me faltarás, amor, nos faltaremos.

ME DOY CUENTA DE QUE ME FALTAS

Me doy cuenta de que me faltas
y de que te busco entre las gentes, en el ruido,
pero todo es inútil.
Cuando me quedo solo
me quedo más solo
solo por todas partes y por ti y por mí.
No hago sino esperar.
Esperar todo el día hasta que no llegas.
Hasta que me duermo
y no estás y no has llegado
y me quedo dormido
y terriblemente cansado
preguntando.
Amor, todos los días.
Aquí a mi lado, junto a mí, haces falta.
Puedes empezar a leer esto
y cuando llegues aquí empezar de nuevo.
Cierra estas palabras como un círculo,
como un aro, échalo a rodar, enciéndelo.
Estas cosas giran en torno a mí igual que moscas,
en mi garganta como moscas en un frasco.
Yo estoy arruinado.
Estoy arruinado de mis huesos,
todo es pesadumbre.

AL PIE DEL DÍA

Al pie del día,
de la mano de una madre estelar,
mi corazón sonríe y espera.
Como esos niños de ojos grandes y misteriosos,
tocado de gracia, mi corazón
mira en las cosas las profecías cumplidas.
Dueño de mi corazón que me sostiene,
estoy pensando en el riguroso vivir
mientras la hora desciende hasta la soledad radical

de mis huesos sobrevivientes.
Ésta es mi substancia comunicada,
ni dentro ni fuera de mí, yo mismo,
un mismo aire, yo, surtidor del mundo.
Soy exacto en el contorno de todas las cosas,
aunque a veces sólo sé que soy un hombre,
este hombre, esta limitación.

EL POETA Y LA MUERTE

El poeta estaba enfermo cuando llegó la muerte a visitarlo.

—Yo soy, dijo la muerte, tu verdadera madre. La que te trajo al mundo te trajo a mis brazos para siempre. Te hablé y tú me oías, y me llamabas tierra. Querías negarme en la flor, pero refugiabas a Dios entre mis brazos. Te tomé de la mano, y me acerqué para que no me vieras.

El poeta dijo: ¿Estabas del lado de mi corazón?

Tú eres —respondió— el que caía sobre tu corazón. Yo te daba mis ojos todas las noches, pero tú los usabas para mirar la noche. Nunca quisiste verte hasta encontrarme.

—Pero yo penetré todas las cosas. Tú no estabas. Tú eras un nombre fácil en boca de los hombres.

—Penetrar es salir. Sólo en el rostro de las cosas se puede hallar las cosas. Horadar las tinieblas con una lámpara es perder la lámpara y las tinieblas. Yo estoy a todas horas en el grito y en el gesto torcido, en las gargantas apretadas y en las caras impasibles de los que sufren. Yo no estoy en las tumbas sino sobre las tumbas. En las manos del carpintero que hace la caja, y en los azahares de la novia que va a hacer el amor.

—El amor es un lugar al que no llegas nunca. Te asomas a las ventanas del amor y golpeas y gritas, pero sobre sus cristales se quiebran tus manos y tu voz. Nadie te oye en la casa del amor.

—Te dije que me acerqué para que no me vieras. Yo soy esa escoba que nadie mira en tu casa del amor. Sus risas también caen, como sus hijos, de sus labios, y yo las

recojo después de la danza, cuando todo ha quedado a
obscuras.

—¿Te irás? —le dijo el poeta.
La muerte sonrió: Estoy.

EL PARALÍTICO

Vino a mirar y se ha quedado quieto.
No se mueve, no puede levantarse.
Sobre su espalda tiene un ángel negro.
Y se queda postrado días y días
con su risa tostada y su silencio.
Aunque quisiera, aunque llorara
por correr, no puede. Su cuerpo
ya enemigo lo detiene.
¡Qué sollozo callar y qué lamento!
Enraizado, sembrado como un árbol,
con el tronco agitado y en el viento,
le salen ojos por la piel,
tiene otros cuerpos
en el aire vecino, y se está quieto.
Un plomo oscuro en las piernas,
un hongo de plomo le crece lento.
Porque está atado, amarrado,
tiene el corazón más suelto.

LA ENFERMEDAD VIENE DE LEJOS

La enfermedad viene de lejos,
viene sombríamente
subiendo a nuestro cuerpo
como a un monte, con un espeso
viento, con un duro paso seco.
Viene subiendo
a nuestro viejo cuerpo
como a una casa en ruinas
de noche, con el miedo.

150

La enfermedad viene de lejos
con polvo, con cansancio,
viene de cementerios,
arrastra escobas, trapos,
cuelga perros
como asesinos, de árboles
opacos y tercos.
La enfermedad llega al terreno
en que estamos y vemos
y nos rodea en silencio
y allí se está mordiendo
raíces, bulbos, yemas,
y escupe, escupe, escupe,
traga veneno.
La enfermedad agarra nuestro cuerpo,
unta leche de sapo dulce,
soba como un abuelo,
calienta saliva y sebo.
Víbora mansa torcida
al cuello,
cangrejo de la rodilla,
alacrán del pelo,
duele, pica, suda,
pasta de estiércol.
La enfermedad está girando
como las hojas de un helecho.
Lame una enorme lengua
de buey el pellejo.
Costra del lecho,
el cuerpo, el otro cuerpo,
el que se tuvo antes,
se está quieto,
caracol vacío,
patio sin nadie, convento
de sombras y ecos.
La enfermedad está subiendo
un pozo negro
lentamente, por años,
como la voz de un muerto.

Arterias hechas nudo,
sangre asfixiada, lejos,
trozos de carne ajena,
uñas y huesos
en el lugar del alma
están subiendo.
Peces de puro aceite
y pájaros pétreos,
subiendo.
Una mosca en el oído,
encerrada, subiendo.
Cuatro patas, el silencio
de un gato, subiendo.
Sobre el tronco de una niña
las manos de un ciego,
torpes, subiendo.
La enfermedad y la cama,
remolino, trompo de humo,
están subiendo.
Y espejos alucinados
y caídos y cayendo
hacen un vaivén de sombras,
una marea de féretros.
Y un cuerpo tras de otro cuerpo,
una procesión de cuerpos,
sigue subiendo.

¡Qué ceniza con azúcar
en las sábanas ardiendo!
Cucharaditas de agua
con aire, sin miedo,
trocitos de luz madura
en el ojo entreabierto.
Silencio.

La enfermedad está cayendo.
Plumas de plomo,
algodón de muerto.

CAMPANAS DE ALGODÓN

De atrás, de lejos, suena, un mar furioso avanza,
una montaña negra,
un ruido de sombras y piedras.
De atrás, de lejos, de todas partes, llega.
Es una mano enorme desgarrando
la noche como una tela.
(Anda un ciego en lo sonoro,
una niña entre caballos salvajes,
un ojo de buey bajo gavilanes de oro.)

*

Todo está sonando para que despierte,
para que se levante el dormido, el muerto.
Está sonando, sonando, sonando.
Un viento hincha las velas de la sangre.
¡Abre los ojos, dormido, muerto!

Ahora empieza a subir, como un ahogado,
como un grano,
como una moneda en el corazón de un niño.

*

Están sonando los cajones de los muertos,
las grutas más espesas,
las raíces más hondas;
suenan obscuramente
con racimos de plomo,
con huesos,
con anillos de oro sin amor.
Cruje la hoja vegetal
y suena el agua uniforme.
Todo es para que despierte,
para que se levante el dormido, el muerto.

Está sonando arriba el libre, el gozoso,

el limpio.
Está sonando el desesperado.
Está sonando la mosca en la red silenciosa,
el pez en el ojo del agua,
y en los ramales de la noche el paso interminable.
Todo está sonando para que despierte,
para que se levante el dormido, el muerto.

Está sonando el túnel obscuro y húmedo
que va desde la cama hasta el sol.
Pero el dormido no despierta, no el muerto.
Está sonando el surtidor de sangre,
la boca sangrienta,
el chorro de ojos que cae a ciertas horas
en un lago de sombras que está.
Está sonando ahí,
está sonando eso.
Es un sonido sonando.
Como una fruta,
como una flor llena,
como el vientre de una mujer madura y sin ruido.
Suena como suena el oído cerrado,
como suena el corazón cuando se detiene.
No es un sonido que se oiga, se toca.
Suena en la yema de los dedos,
en la yema del labio,
es un sonido obscuro y amargo.
Pero el dormido no despierta,
no despierta el muerto.

Campanas de algodón están sonando,
rostros de yeso,
y mujeres pintadas, guardadas en una galería,
desnudas siempre.

Están sonando los puentes que hay en el cielo
para pasar niños al lugar de las madres.
Está sonando la tienda de bastones para ciegos
y la carpintería donde hacen velos de novia.

Está sonando, flotando este sonido inmóvil.
Pero el dormido no despierta, no el muerto.
Está sonando la miga de pan en su sábana
y un breve río sonoro le moja los pies.

POEMAS DE UNAS HORAS MÍSTICAS

(I)

Es inútil. Todo vuelve a nacer.
Para la obscura boca que nos traga,
para el amor y el odio,
para el llanto,
aquí estamos.
Sobrevivientes del día de ayer,
con los ojos puestos a secar al sol
y con el corazón extendido en la mano como una carta.

A ti, Dios, acudo
para rayarte la espalda terca
y pegarte en la oreja hasta que vuelvas a verme,
padre mío, justo.

He caminado de rodillas todos estos días,
dormido sobre brasas,
y estoy débil
como un hombre en su primer día de muerto.

(II)

En esta gran aventura nuestra, mía,
Dios mío, pierdo.
Por subterráneos andamos, buscándonos, llamándonos,
igual que dos amigos perdidos.
Inextricable estás,
madeja de sombra, raíz obscura, obscura,
nido de sirenas.
Con ojos de tres meses te espero,

corazón alambrado.
Dios, hermano, lo que no sé,
lo que no quiero, viejo porvenir.
Estoy desmantelado, aguardándote,
y siento tus pasos sobre mi pecho, crujiendo
como sobre un piso de maderas podridas.
Vacío y viejo, y con miedo y con odio,
en mi soledad te acecha mi amor
para atraparte, vivo, como a un pájaro.

(III)

Bajo tus alas, en la dura sombra
que te baja a mis manos,
enclenque estoy, torcido, como un árbol torcido.
He visto, he estado con gentes a quienes quiero,
me la he pasado hablando, haciendo,
aquí y allá, tratando de corregirme,
de crecer en medio de las cosas perfecto.
Pero no sé, no puedo, necesito.

A picotazos me tratas
y estoy cansado, malherido.
Tercamente, igual que un mono, estoy limpiándome,
quitándome las manchas con todo y piel,
caído en tu tierra de almas.

(IV)

Viene, Señor, de todos los días
una agria memoria
más lenta, más fuerte, más honda
que este deseo.
Viene mi rostro de quince años
y vienen otras caras y mi cadáver.

A lo largo de todos
me extiendo
como una vara de humo,

156

y mi corazón es largo igual que la música.

Y ahora sigo tu rastro,
olfateo como un sabueso cansado.

(V)

Todo lo que digo de ti es cierto
cuando te bendigo,
cuando hablo mal de ti:
es lo que Tú dices de Ti,
yo soy tu instrumento.
Con esta misma mano con que escribo
me he llevado en este momento el pan a la boca
y he olido que mi mano huele, reciente,
a ese doloroso olor del sexo femenino
que hasta en las vírgenes no resiste a las horas.
He comido mi pan con olor
mientras pensaba y pienso que entre tú y yo hay
      alambradas
en que queda sólo la piel de uno, del más débil,
      del más deseoso.

Yo no me lamento.
Yo siento que estoy bien,
que está bien todo lo que has hecho o deshecho.
Tú eres el más fuerte.

(VI)

Estoy vecino al caos, a la imagen.
Siento que sube el nivel del vacío en mi vaso
y me place aniquilarme.
Mi cabeza, sobre una charola, en mis manos,
predice el porvenir
y guiña un ojo a la mujer bonita.

Hermano, amigo mío, entreténme en algo,
méteme una hormiga en la oreja,

157

arráncame una uña,
dame un pedazo de destino.

Porque esta soledad sin oficio
es peor que todo,
es un croar en el corazón.

Ábreme, Padre, la puerta del patio
y deja que me eche por allí,
sobre tu obscuro olor.

RESCOLDOS DE *TARUMBA*

En el espejo Narciso amó su muerte.
¡Qué desilusión en el día de hoy,
qué vanidad desencantada,
qué amor de lo perdido e irrevocable!
Corazón sin ojos, lengua prensada,
¿qué hacer para resucitar al tiempo?
Puerta cerrada para siempre,
en vano te golpea mi sangre dando gritos,
en vano quiero tocarme con mis manos,
en vano lloro con el deseo inaudito.
Tiempo voraz e infame, pordiosero,
devorador de insectos y de días,
¿qué haces a mi lado
junto a lo que he querido,
acariciando mis cadáveres?
Amo la fragancia, amo la juventud, amo el engaño,
la ilusión condenada, el sueño abierto
de par en par como una casa,
amo el amor como una tumba
en la que he de llorar ojos y lágrimas.
Vestido estoy de blanco para asistir al duelo
de mi corazón enterrado,
porque tengo mujer como enemigo,
víboras en mi cama, ratas detrás de mí,
alacranes en mi costado.

EN EL CORAZÓN DE LA CEBOLLA

En el corazón de la cebolla,
con el sabor de Dios,
crece mi alma.
Mi alma crece a todas horas hasta hacerse pequeña.
Sigo el vuelo magnífico de las moscas,
me atraen el escarabajo y las hormigas,
amo el grano de arroz con que alimento
la paloma sin alas.
Apasionadamente estoy en las cosas del día,
desesperadamente.
No puedo negarme a lo que viene
con manos a tocarme,
a lo que está con bocas y con ojos llamándome,
a lo que soy con diferente nombre.
Así, sudo mi alma,
digo mi corazón como una letra,
me doy igual que una moneda.

¡JÁLAME DEL BRAZO!

¡Jala! ¡Jálame del brazo, rinoceronte, hormiga,
tú que me jalas!
Estoy en el poste
no para ser quemado,
para ser descuartizado,
para ser desbrazado, despiernado,
descabezado,
para que luego me coman el tórax los zopilotes.
Me arranca el pelo, uno, demasiado fácilmente,
dos, me quiebra los dientes,
tres, me jala la lengua para sacarla de raíz
con todo y el bulbo del estómago.
Nadie quiere dejar nada en ese lugar en que estuve.
Mi mujer, piadosamente, me unta manteca
en un muslo y se dispone a asar y roer.
Todos los amigos de mi casa

se llevan un pedazo de mi piel como reliquia.
No hay quien no bese el dedo gordo de mi pie derecho.
Mi sobrino se llevó un fémur mío sobre el hombro,
    marcialmente.
Sólo quiero que le dejen la piel de mi barriga a mi hijo
para que toque el tambor.

DE LA CABEZA ME JALAN

De la cabeza me jalan,
con un anzuelo me jalan en las mañanas,
en las noches.
Del corazón me jalan
con una aguja,
me clavan un diente en el ojo.
Masco vidrio a la hora de dormir,
cuando toca el viento las puertas
y quieren entrar los fantasmas.
¿Quién iba a decirme, quién iba a decirme
nada?
¿Quién podría llorar por mí
echado en la pared, a estas horas?
Ay, qué largo,
qué interminable, ay,
qué ay tan hondo, tan sin cuerpo ni sangre,
qué lamento tan mío y tan tuyo, tan de nadie,
ay, ay, quiero llorarlo de un golpe,
quiero morirlo de una vez.
Yo no te digo estas cosas para recordarlas,
no quiero que me recites nunca.
Yo quiero golpearte con mi dolor,
quiero echarte al rostro mis lágrimas.
Quiero que despiertes, nada más,
para que veas que todo es inútil.

ANDO BUSCANDO A UN HOMBRE. . .

Ando buscando a un hombre que se parezca a mí
para darle mi nombre, mi mujer y mi hijo,
mis libros y mis deudas.
Ando buscando a quién regalarle mi alma,
mi destino, mi muerte.

¡Con qué gusto lo haría,
con qué ternura me dejaría en sus manos!

TENGO OJOS PARA VER. . .

Tengo ojos para ver en esta noche
algo de lo que soy, tengo el oído oyendo.
Estoy en este cuarto, están mis sueños.

Detrás de cada sombra hay algo mío.
Sentado en cada silla hay uno, obscuro,
y a mis pies, en la cama, me están viendo.
Creo que son como yo, llevan mi nombre,
y salen de las cosas como espejos.

Hace ya mucho tiempo
que no nos congregábamos.
Ahora los aposento
humildemente,
les doy mi cuerpo.

Me reúno en la noche, abro mis ojos,
los mojo de esta obscuridad con sueño.
Solo mi corazón sobre la sábana
queda latiendo.

DESDE LOS CUERPOS. . .

Desde los cuerpos azules y negros

que a veces andan por mi alma,
vienen voces y signos que alguien interpreta.
Es tan obscuro como el sol
este deseo. Tan misterioso y grave
como una hormiga llevando a rastras el ala de una
     mariposa,
o como el sí que decimos cuando las cosas nos preguntan:
"¿quieres vivir?"

IGUAL QUE LOS CANGREJOS...

Igual que los cangrejos heridos
que dejan sus propias tenazas sobre la arena,
así me desprendo de mis deseos,
muerdo y corto mis brazos,
podo mis días,
derribo mi esperanza,
me arruino.
Estoy a punto de llorar.

¿En dónde me perdí, en qué momento
vine a habitar mi casa,
tan parecido a mí que hasta mis hijos me toman por su
     padre
y mi mujer me dice las palabras acostumbradas?

Me recojo a pedazos,
a trechos en el basurero de la memoria,
y trato de reconstruirme,
de hacerme como mi imagen.
¡Ay, nada queda!
Se me caen de la mano los platos rotos,
las patas de las sillas, los calzones usados,
los huesos que desenterré
y los retratos en que se ven amores y fantasmas.

¡Apiádate de mí!
Quiero pedir piedad a alguien.

162

Voy a pedir perdón al primero que encuentre.
Soy una piedra que rueda
porque la noche está inclinada y no se le ve el fin.

Me duele el estómago y el alma
y todo mi cuerpo está esperando con miedo
que una mano bondadosa me eche una sábana encima.

RODEADO DE MARIPOSAS. . .

Rodeado de mariposas negras como almas
y de agudos puñales que practican los muertos,
condescendiendo a ser buen hombre y buen soldado,
pater et filius admirabilis,
me canonizo en el espléndido amanecer del mundo.

Soy el conocedor de los misterios,
el doloroso sonriente,
el que guarda las llaves de las estrellas.
Oficio en el zoológico
ante leones urbanos y monos posgraduados en
    psicología.
Soy el Rey de la Selva Civilizada,
receptáculo de la luna,
vaso de la alegría.

(Vienen vientos del norte con húmedos imanes
arrastrando y creciendo.
Pájaros perdidos como sueños.)

Abandonado estoy, sarna de Job,
paciencia mía.

PARA TU AMOR, SEÑOR. . .

Para tu amor, Señor, no tengo apenas
otra cosa qué dar que mi tristeza,

mis dos hijos, mi cama y mis penas,
mis esperanzas y mis noches buenas.

Para tu amor, Señor, no tengo nada,
nada más que mis huesos y mis prisas,
mis ojos, mis cabellos y mi almohada
y mi boca, repleta de cenizas.

Para tu amor, Señor, de mano abierta
y corazón arrodillado y manso,
aquí me estoy al pie de tu puerta
y me regocijo y me canso.

MI DIOS ES SORDO. . .

Mi Dios es sordo y ciego y armonioso.
El azar no es más que instrumento del orden,
la casualidad, un disfraz de la meditación.
En el conjunto de las cosas fui aniquilado gloriosamente
y recreado con indiferencia
que es la virtud del verdadero amor.
Nadie se duela de la muerte de su hermano
más que de la del extraño,
ni se goce en el nacimiento de su hijo
si no se alegra al parto de la desconocida.
Lo mismo es una flor que una hormiga
y la estrella es una flor elevada
y la piedra una flor resistente
—flor del grano de arena,
viento quieto, florecido.
Todo está sumergido y permanece
en el obscuro sol radiante,
en la líquida luz cuya forma enigmática
palpamos con los dedos
mientras el corazón pregunta: ¿qué es?

AQUÍ, ALMA MÍA. . .

Aquí, alma mía, te dejo.
Aquí te entierro, pregunta desprendida
de mi cuerpo,
mano de mi corazón amputada.
Aquí, como una piedra, alma mía,
te dejo.
Lejos de ti, a ese lugar me llevan
mis piernas subterráneas,
allí donde mis ojos sólo miren como un río que cae.
Allí tengo las manos abiertas apretando
y un aire rudo sopla en el corazón desangrado.
Aquí, alma mía, estopa, bagazo de mi diario
sudor, sobra de mi sombra, te dejo,
estremecida, latiendo aún con el calor de mi cuerpo,
contagiada de mí para siempre.

JULITO

(I)

Dice Julito que este soldadito de plomo que tiene en la
mano recibió un balazo en la nuca, y cuando estaba en
el suelo vino una serpiente y le mordió la pierna.

—Este ya no sirve, dice, y lo coloca bocabajo y le echa
unos trapos sucios encima.

Los tres soldaditos que le quedan en las manos empiezan entonces a pelearse entre sí, y se dan de golpes y
brincan, y uno de ellos monta un caballo por encima de
escarpadas cajas de zapatos, hasta que cae a un río y
hace "poch", y empieza a nadar por entre las flechas de
los indios.

Zumban las flechas, y Julito saca su pistola y dispara
dos o tres veces hasta que cae muerto. Con las piernas y

los brazos abiertos y extendidos y la cabeza inmóvil sobre el hombro derecho, yace Julito con los ojos cerrados, la mano abierta y la pistola a un paso de su mano.

—¡A almorzar, Julito!, grita la mamá desde la cocina, y Julito brinca, se levanta como un resorte, y montando un caballo que no conozco se aleja gritando: "voy, mamá".

(II)

—Mamá, tengo la barriga llena de hambre, dice. Y la mamá se ríe y le trae la leche.

Al rato, ya dormido, se sobresalta y mueve los brazos y las piernas. La mano de la madre le acaricia la espalda, se queda quieto.

En su plácido rostro el corazón descansa. Vienen las estrellas en aviones y los caballos nadando, y él es el dueño heroico de las cosas.

Como hace rato, cuando me dijo señalándola: "Mira, papá, una mariposa. Yo la quiero." La tomé por sorpresa y extendiéndole las alas sobre la mesa iba a clavarle un alfiler en el lomo cuando él dijo: "no, papá, pobrecita". Lo vi estremecerse pero insistí: ¿cómo quieres que sea tuya si no la mato? "No la quiero, papá, no la quiero", dijo. Y tenía el rostro ufano de este momento al ver volar la mariposa liberada.

(III)

Un gorrión recién nacido cayó al patio de la casa. La lluvia lo tiró quién sabe de qué rama, y estaba aterido, empapado, saliéndole piojos minúsculos de entre las alas. Lo calenté en mi mano un largo rato y cuando creí que viviría se lo enseñé a Julito. Él lo cogió cuidadosamente y corrió a compartirlo con su hermanita. La nena, que tiene sólo un año, exclamaba no sé qué cosas alegres y le dio unos porrazos en la cama. Julito se lo arrebató y me lo entregó para guardarlo.

Al otro día, dentro de la jaula, estaba el alpiste íntegro y el agua sin tocar. El pajarito no sabía comer. Con gran dificultad, abriéndole el pico, puse sobre su lengua unos granos y una gota de agua. Lo único que sabía era piar. Y más tarde, cuando estaba bajo la enredadera, nos sorprendió la comunicación que sostenía con un gorrión que estaba en el techo. El intercambio era vivo y patético. "Ahora no se muere", pensé, y sacándolo de la jaula lo coloqué en una rama de la bugambilia.

Entonces nos escondimos Julito y yo detrás de la puerta semicerrada para ver al hijo y a la madre. Y ahí fue el aproximarse cada vez más al hijo inmóvil en rápidos giros temerosos y con insistentes llamadas. "¿Por qué no se lo lleva?", decía Julito, y se impacientaba al ver los movimientos cautelosos y atrevidos de la madre.

Cuando ésta se lo llevó por fin, después de varias experiencias de vuelo, Julito estaba contento de tener un amigo más. Pero al rato, mientras yo dormía, Julito empezó a pedir el pajarito y se puso a llorar.

(IV)

—Quiero una Tota, digo, a la hora del almuerzo, y Julito se apresura a corregirme:
—No se dice Tota, papá, se dice ko-ka-ko-la.
—Bueno, quiero una Coca Cola.
A los tres años y medio, Julito aprende nuestro idioma después de habernos enseñado el suyo. Y su facultad de aprender es mayor que la nuestra de olvidar. Son muchas las voces que nos ha dado y de las cuales no podemos deshacernos:
—Compra unos pipis, le digo a mi mujer al entrar al cine, y Julito me reprende: "papá, son palomitas."

Nos ha enseñado a gustar las películas de vaqueros y las aventuras de Tarzán. Y nos llama la atención sobre las avispas, las hormigas y los saltamontes.

¡Cuántas cosas no le debemos a Julito! Sobre todo este espíritu que aprende a recrearse de nuevo en las cosas simples.

Recuerdo su primera impresión de la muerte. Fue frente a un conejito que murió a los dos días de estar en casa. Julito me lo trajo de las patitas, tieso, como un trocito de madera.

—No se mueve, papá, está muy feo.
—¿Lo tiramos a la basura?
—Sí, tíralo, está feo.

Y no creo que nadie diga nada mejor acerca de la muerte. Ni de la vida.

(V)

Ahora le está contando un cuento a la nena:

—Esa mariposa verde estaba debajo de una hojita. Yo tengo un caballito verde. La mariposita es buena, trae suerte. No le tiene miedo a Diosito, Yo, sí. Diosito está en el tejado. A Marcelino lo picó un alacrán en la patita. Ay, ay, lloraba, así de grandote era el alacrán. Luego Diosito movió la mano y yo me escondí. No hay que quitarle las patas a la mariposita. En el río de Cupía hay muchas mariposas y hay lagartos, ¡jau! ¿Sabes el cuento del frijolito? ¡Nena. . .! ¡Mamá, la nena se orinó!

(VI)

Codicioso de esta felicidad que llevo de la mano, lo escucho atentamente mientras vamos a ver al abuelito.

¡Qué difícil relatar lo que hace Julito! ¡Son tantos acontecimientos minúsculos que se repiten diariamente y diariamente se transforman y se hacen nuevos!

En este momento se ha acercado a la cama donde escribo y me ha preguntado por qué estoy así, con la cabeza descansando en la palma de mi mano. Me ha preguntado también qué estoy mirando en la pared. Se ha ido luego al patio, en donde platica de enamorados la Lola Grande a la Lola Chiquita, y al ver que se calla de improviso le dice: "sigue contando el cuento, yo también quiero oírlo."

Ha regresado de nuevo a reírse de mi postura (de mi impostura, diría él) y ha vuelto a salir a consolar a la nena que llora. Regresa de inmediato con la jaula en las manos para que yo saque a la paloma que ha estado castigada. "Ya no le va a pegar a la palomita nueva, dice, ya la regañé." "Pero no la dejes en la cama, papá, que va a hacer caca."

La arrea, y me pregunta por enésima vez en el día: ¿verdad que no puedo tomar agua fría porque me hace más catarro?

(VII)

—Mira la luna. La Luna es tuya, nadie te la puede quitar. La has atado con los besos de tu mano y con la alegre mirada de tu corazón. Sólo es una gota de luz, una palabra hermosa. Luna es la distante, la soñada, tan irreal como el cielo y como los puntos de las estrellas. La tienes en las manos, hijo, y en tu sonrisa se extiende su luz como una mancha de oro, como un beso derramado. Aceite de los ojos, su claridad se posa como un ave. Descansa en las hojas, en el suelo, en tu mejilla, en las paredes blancas, y se acurruca al pie de los árboles como un fantasma fatigado. Leche de luna, ungüento de luna tienen las cosas, y su rostro velado sonríe.

Te la regalo, como te regalo mi corazón y mis días. Te la regalo para que la tires.

CANCIONES DEL POZO SIN AGUA

(I)

Tumba en el son tu risa,
túmbala, corazón,
tírala al sol, no hay prisa,
corazón.
Tumba tu muerte,
tu llanto,
corazón con suerte,
espanto del espanto.
En este son con ron
—alegría de la agonía—
bébete, corazón,
y túmbate de día.
Hace calor
(¿quién lo hace?)
hazte a ti mismo, tambor,
boca de abismo sonoro,
corazón, grano de oro,
hazte calor.
Tumba tu sangre caliente
sobre mi frente.
Corazón, no digas nada
por no espantar la espantada
esperanza malquerida,
túmbate, corazón, sobre mi vida.
Y baila conmigo el son,
y cántalo que lo canto,
ven conmigo, corazón,
mientras tanto.

(II)

Aguamarina, la ingrata
piedra que no mata,
aguaceleste, aguajazmín,
ha llegado muy tarde

pero ha llegado al fin.
Aguaceleste viene del Este
y del otro. Es un polvorín.

Agua de la ribera,
agua del ojo sombrío,
aguafuerte de la muerte:
corazón mío.
Aguazul verde amarilla,
agua de estrella estrellada,
he aquí junto a tu orilla
mi mirada.
(¡Qué sabroso usar palabras
para no decirte nada!)

   (III)

Cuando estés triste ponte a cantar.
Cuando estés alegre, a llorar.
Cuando estés vacío, de verdad vacío,
ponte a mirar.

¿Qué muralla que pueda resistir al canto?
Nada te puede separar
del terrón de tierra o de la nube
si te pones a cantar.

Para cantar hay que saber pocas palabras
y ponerse una en la boca y con ella jugar
como con una piedra o un caramelo
entre el diente y la lengua y el paladar.
Cuando vienes a ver se te derrite
el espanto y el malestar.

Ponte amor mío a cantar
(párala-párala-paralä)
yo te voy a mirar.

(IV)

Como la sombra de los pájaros
pasan los días.
Tengo sueño de vivir.
Mi corazón es un hambre olvidada.
Igual que la arena entre los dedos
se va la vida
y la tierra florece con flores y con niños.
Tengo sueño de amar,
quiero dormir cantando, como si fuera a nacer
o a morir.

(V)

Esta noche vamos a gozar.
La música que quieres,
el trago que te gusta
y la mujer que has de tomar.
Esta noche vamos a bailar.
El bendito deseo se estremece
igual que un gato en un morral,
y está en tu sangre esperando la hora
como el cazador en el matorral.
Esta noche nos vamos a emborrachar.
El dulce alcohol enciende tu cuerpo
con una llamita de inmortalidad,
y el higo y la uva y la miel de abeja
se mezclan a un tiempo con su metal.
Esta noche nos vamos a enamorar.
Dios la puso en el mundo
a la mujer mortal
—a la víbora-víbora de la tierra y del mar—
y es lo mejor que ha hecho el viejo paternal.
¡Esta noche vamos a gozar!

PARÉNTESIS

(1)

Nena:
Viene la rosa andando desde el jardín
a preguntar por ti.
(La hormiguita hacendosa
se escondió en la oreja de la rosa.)
Y viene un aire de alhelí
también a preguntar por ti.

El zopilote austero
se inclina sobre un ala y te saluda,
porque viaja, viajero,
sobre la tierra muda.
(Tú recoges su sombra cuando pasa
y te la llevas a jugar a casa.)

Viene el caballito volatinero
a pedirte dinero,
y una mariposa de algodón de París
se te pega en la boca y la nariz.

(2)

Apenas mayordomo de mis penas,
capitán de fantasmas, me extravío,
me pierdo entre mis canas y mis venas,
y me ahogo de mí, a pesar mío.

En punto de la hora en que me suenas,
tiempo de estar, estoy y me confío,
y me llenas de arena y me rellenas
de amor y de odio el corazón baldío.

¿Qué hago yo con mis huesos a esta hora?
Desnudo de mi piel y de mi pelo
a media calle estoy llora que llora:

me mira el sol y me contempla el cielo,
me sacude la hormiga trepadora
y me sube hasta el alma el desconsuelo.

(3)

No tengo nada que decir y escribo
un soneto —es igual— o una maroma.
No tengo nada que vivir y vivo
y soy dentro de mí como una sarcoma,

un cáncer en un huevo de paloma,
un ala de ángel ensamblada a un chivo,
un buey sagrado en una estercoloma
y la sombra de un Dios bello y lascivo.

Piedad me tengo, mas me desamparo,
en cóleras me voy, mas me cobijo.
Barato soy, pero me cuesto caro.

Estoy tanto sin nada que me aflijo
y con todo estoy tanto que me encaro
a tenerme a mí mismo como a un hijo.

EL CADÁVER PRESTADO

¿Qué otra cosa sino este cuerpo soy
alquilado a la muerte para unos cuantos años?
Cuerpo lleno de aire y de palabras,
sólo puente entre el cielo y la tierra.

*

Si el hombre está hecho a semejanza de Dios,
o Dios a semejanza del hombre,
¿qué pasa con Dios cuando el hombre muere?
Vaso vacío, el hombre. Agua derramada, Dios.

Las flores son los ojos con que las plantas ven el mundo,
¿qué miran de noche?

¿No serán las flores las únicas estrellas
que ven los ojos de los muertos en su perpetua noche?

*

Mojado por la llovizna de la muerte
llego a la casa a obscuras.
Piezas vacías en que no hay ni un muerto,
ni un fantasma, ni un ruido,
sólo una luz desesperada hundiéndose,
soltando las paredes como la tabla el náufrago.
Casa del tiempo, criadero de sombras,
nido de aguas negras:
En voz alta me hablo como a un amigo muerto,
me toco en la humedad de tu tierra perdida.

*

Cayendo en la conciencia como en un remolino,
cayendo de verdad en un vértigo, en un obscuro hoyo
espeso de salivas y cenizas,
vomitándome el alma sobre el pecho,
cayéndome encima de mí mismo y girando
como una rana aplastada sobre el pavimento.

Levantándome de mi sombra,
de cada sombra de cada día,
para ser este fantasma perfecto,
esta figura familiar que todos conocen.
¡Ay, largo, largo hilo invisible zurciendo las heridas!
Bocota del misterio,
bocota enorme de Dios enorme haciendo payasadas,
diciendo "ésta es la hora", "vamos, comienza".

¡Qué pobre diablo de hombre, qué pobre ángel torcido,
qué pobre hombre pequeño y roto soy y alcanzo!

Tendría que caminar de rodillas ocho días para
    levantarme,
andar con los ojos cerrados detrás de las manos
y no hablar a nadie, sino al muñeco inmóvil
que aparece como una luz en el interior de mi pecho.
Del otro lado de la muerte
—porque la muerte es un río que atravesamos
    frecuentemente—
en esta dura playa en que sabemos que estamos vivos,
suena el anochecer sobre la carreta del miedo
arrastrada por dos bueyes perpetuamente quietos.

*

Lo que importa no es decir
"me voy a quedar callado",
sino quedarse callado
sin decir nada.

Ir de un lado a otro
y hacer las cosas
mecánicamente,
automáticamente,
porque no somos más que una pieza
de una maquinaria enorme que alguien mueve.
Olvidarse de esa "libertad"
que no es sino el aceite con que nos lubrican,
la palmada que nos da la vida para sentirnos importantes.

Todas las hojas de un árbol son del mismo color,
¿quién puede hacer que un pez cante como un pájaro?,
¿o que un gato ladre,
o que un hombre no sea infeliz?

He aquí que mi pobre alma
se ha refugiado a los pies de la cama
junto a mis zapatos,
y me mira a hurtadillas

mientras yo me siento todopoderoso machucando a mi
    mujer.
(Y la mano amiga de Dios
me tiende una toalla, sonríe y me bendice.)

*

Devastado,
cubierto de cenizas y de lavas,
fértil aún por dentro,
por debajo de la corteza de los días,
tierra amorosa y débil
asfixiada en su muchedumbre de semillas,
o tal vez reventando como el vientre de una mujer a
    los nueve meses,
y con el niño muerto, sepultado en su sangre primeriza.
Mi propio hijo soy, y me he crecido
sin el aire del parto, muerto a medias.

Gentes de todas partes que me ignoran,
hermanos de mi alma, padres míos:
yo no hago nada por salvarme,
yo no le doy ni una mordida a la vida,
yo no alzo la mano para decir: "llevadme".

Herido de muerte, igual que un animal herido en el
    bosque,
me estoy quieto, sangrando,
empapándome de mi calor y de mi vida.
(Recuerdo los ojos tristes de un caballo,
más dulces, mucho más dulces que los de una mujer
    enamorada,
y recuerdo otras cosas sin importancia
    en las que fui dejando, a pedazos, mi alma.)

Es hora de dormir, o de amar,
pero a obscuras.

Señor del abismo, director de las sombras,
guía de la víbora, padre de las tarántulas,
hacedor del sueño, lumbre de la vigilia,
quemadura del ojo:
desaparece, esfúmate,
hazte a ti mismo nada,
gota de agua ahogada,
burbuja de aire en el pulmón del viento.
No le pongas a mi hijo palidez en la cara,
ni a mí me cargues las espaldas
en tu nombre sagrado y con tu piedra.
Saca de mis venas toda la sangre
y deja en ellas el alcohol que me vuelve tu amigo.
Te quiero con todo mi odio,
te perdono con todo el rencor de mi alma.
Como marido y mujer estamos,
viéndonos, acechándonos, dispuestos
a clavarnos las uñas, furiosos de amor y de deseo.
Ponte faldas, señor-señora,
vela que te consumes velándome,
apágate de una vez como un rayo.
Tu precioso mundo sigue rodando
en la casa de la locura
como una canica de barro
tirada por un niño ciego.
Y yo te bendigo y te acompaño.

*

Mis amorosos padres, mis hermanos,
mi mujer y mis hijos,
están sentados sobre la lápida
que quiero levantar para salir al aire.
Espectro de mí mismo, sombra de lo que quise ser,
araño las paredes de la costumbre,
me enredo en las telarañas del miedo
y grito con mi corazón a obscuras
en este subterráneo, esta fosa, esta tumba de
tantos años.

No hay otra salida que la cerrada por el amor de todos los
   días,
no hay más luz que la que me niegan las manos que me
   acarician.

¿Qué hacer?, ¿qué hacer, rana, gota, frío,
qué hacer, soledad,
qué hacer, ojos tuyos, Dios mío, que me están mirando
en la obscuridad como los de un tigre?

CON LOS NERVIOS SALIÉNDOME DEL CUERPO

Con los nervios saliéndome del cuerpo como hilachas,
como las fibras de una escoba vieja,
y arrastrando en el suelo, jalando todavía
el fardo de mi alma,
cansado, todo, más que mis propias piernas,
hastiado de usar mi corazón del diario,
estoy sobre esta cama y a estas horas
esperando el derrumbe,
la inminente caída que ha de sepultarme.
(Hay que cerrar los ojos como para dormir
y no mover ni una hoja de tu cuerpo.
Esto puede ocurrir de un momento a otro:
estarse quieto.
Pañuelos de aire giran lentamente,
sombras espesas rascan las paredes,
el cielo te chupa a través del techo.)

Mañana te has de levantar de nuevo
a caminar entre las gentes.
Y amarás el sol y el frío,
los automóviles, los trenes,
las casas de moda, y los establos,
las paredes a que se pegan los enamorados
al entrar la noche, como calcomanías,
los parques solitarios en que se pasean las desgracias
con la cabeza baja, y los sueños se sientan a descansar,

y algún novio la busca bajo la falda,
mientras la sirena de la ambulancia da la hora
de entrar a la fábrica de la muerte.
Amarás la milagrosa ciudad y en ella el campo soñado,
el río de las avenidas iluminadas por tanta gente que
    quiere lo mismo,
las puertas de los bares abiertas, las sorpresas de las
    librerías,
el estanco de flores, los niños descalzos
que no quieren ser héroes de la miseria,
y las marquesinas, los anuncios,
la prisa de los que no tienen a dónde ir.
Amarás el asfalto y la buhardilla
y las bombas para el drenaje y las grúas
y los palacios y los hoteles de lujo
y el césped de las casas donde hay un perro guardián
y dos o tres gentes que también se van a morir.
Amarás los olores de las fritangas
que en la noche atraen como una luz a los hambrientos,
y tu cabeza se irá detrás del perfume
que alguna mujer deja en el aire como una boa
    suspendida.
Y amarás las ferias mecánicas
donde los pobres llegan al vértigo y a la risa,
y el zoológico, donde todos se sienten importantes,
y el hospital, donde el dolor hace más hermanos
que los que puede hacer la pobreza,
y las casas de cuna, y las guarderías en que juegan los
    niños,
y todos los lugares en que la ternura se asoma como un
    tallo
y las cosas todas te ponen a dar gracias.
Pasa tu mano sobre la piel de los muebles,
quita el polvo que has dejado caer sobre los espejos.
En todas partes hay semillas que quieren nacer.
(Como una escarlatina te va a brotar, de pronto, la vida.)

CON TU AMARGURA A CUESTAS

Con tu amargura a cuestas
y tus dolores en los bolsillos
—las uñas todavía llenas de la tierra de los sepulcros que
    arañas—
y los ojos rodeados, hundidos en la sombra
que la noche inyecta con innumerables y finas agujas,
con el corazón convaleciente, tierno como una manzana,
sucio y torpe como un recién nacido,
vas en las calles viendo y aprendiendo
—y una sonrisa crece en los labios de tu sangre—
como si fueras el primer habitante del mundo.

Resucitado, para ti es la calle
y los árboles y la neblina
y el sol que pica
y la tarde friolenta que pide cama con mujer
y la noche que te recibe amorosa con un libro.
Para ti es también el amanecer de los que trabajan,
las fauces de las fábricas que se abren con ruido,
los relojes de las oficinas de mala digestión,
la estercolada y húmeda ternura de los establos,
el delantal de los almacenes y el garrote de seda,
el agua boricada de los despachos,
el fenol diario de la misa
y la triste sabiduría de los barrenderos.
Para ti es la ciudad de los amores y los crímenes,
de las tentaciones y las locuras ordenadas,
de las necesidades en busca de alguien,
de las soledades atropellándose;
para ti las bibliotecas y los burdeles
y los cines y los teatros
y los estadios y las arenas y las pistas de baile
y el asfalto desierto de la madrugada.
Para ti son estas gentes y estos fantasmas
y estos otros resucitados, y estas sombras
que caminan y comen y se divierten
y sufren y gozan y viven y se enferman y mueren

181

en estos sitios que estás conociendo.
Para ti son las manos caídas,
para que las estreches con tus muñones,
con las manos que te van a brotar ahora mismo.
Para que tú te entregues
se te están dando todas estas cosas;
para que dejes tu cuerpo usado
allí en el polvo donde estabas tendido bocabajo y
    llorabas;
para que te levantes a los treinta y tres años
y juegues con tus hijos y con todas las gentes
en el nombre del padre y del espíritu santo
y en el nombre del huérfano y del espíritu herido
y en el nombre de la gloria del juego del hombre.

A UN LADO DE LOS DIOSES

A un lado de los dioses
—porque los dioses han sido condenados a vivir entre los
    hombres—
aprendiendo a montar el becerro de oro,
dulcísimo de tanto renunciar a todo,
alegre de aceptar tu escasez y tus mutilaciones,
(¿cuáles dioses son éstos, hijos de qué dioses?)
hermano, al fin, de todos tus hermanos,
gemelo de las gotas de su música,
corazón de tu tiempo, latido de ti mismo,
constante en despertar igual que el día.

Te saludo. Brindo por ti
que te levantas de tu ruina.
El aire de la noche te adelgaza,
la canción te espera.

Abre sus calles esta ciudad de México
como los brazos de una amante nueva.
Estás aquí y es tuya. Poséela.

¿HASTA DÓNDE ENTRA EL CAMPO. . .?

¿Hasta dónde entra el campo a la ciudad, de noche?,
¿el aire de los cerros,
las estrellas, las nubes sigilosas?
Cuando las fábricas descansan
y los motores duermen como algunos hombres,
paso a paso, los árboles penetran a las calles macizas,
y el frío se extiende como una sábana de aire,
sube a las azoteas, se esconde en los zaguanes,
aquieta el agua de las fuentes.
La hojarasca, la ardilla, los rumores, la alfalfa,
los eucaliptos y los álamos, las legumbres adolescentes,
los insectos, el viento, hasta las sombras vienen
a limpiar la ciudad, a poseerla.
(Cuando llega la luz, el campo se retira
como un enamorado culpable y satisfecho.)

SE MECEN LOS ÁRBOLES

Se mecen los árboles bajo la lluvia
tan armoniosamente
que le dan a uno ganas de ser árbol.
Bajo los truenos
y atravesados por el viento
los árboles parecen muchachas dormidas de pie
a las que el sueño del amor lleva de un lado a otro la
    cabeza.

Estos árboles de la ciudad, tan esbeltos y solitarios,
rodeados de casas y de alambres,
se alegran bajo la lluvia en lo alto
y son la nube misma y el cielo.

Los árboles llueven esta tarde
y la barriada toda los contempla.

TODAS LAS VOCES SEPULTADAS. . .

Todas las voces sepultadas en el enorme panteón del aire
   que rodea la tierra
revivirán de pronto para decir que el hombre sólo es eso,
un sonido extinguiéndose, una risa, un lamento,
penetrando en su muerte como en su crecimiento.

Esqueleto de una sombra,
estructura de un vuelo,
rastro de una piedra en el agua,
deseo, sólo deseo, sueño, sólo sueño.

Con los ojos cerrados miro lo que quiero
y lo que quiero no existe.

ALMA MÍA, SANGRE MÍA. . .

Alma mía, sangre mía, espíritu mío,
esqueleto de mi alma, agua que soy,
calor que soy, sol obscuro,
¿por qué dejas que me canse?
¿por qué me entra esta gana mortal de estarme quieto,
este afán de exterminio?
¡Qué poco me has dado
a cambio de tantas ofrendas!
¡Qué breve tu alegría,
qué corta tu serenidad!

Estoy triste, apagado, triste de mí,
pero triste como un perro triste,
como un buey herido.
(No soy más que un caballo con las patas quebradas,
un zopilote domesticado,
un lagarto de circo.)

No tengo ganas de averiguar lo que soy.
Pero me siento untado, embarrado
de grasas y de telarañas,
de miga de pan

184

y de palabras que el bueno de Dios
pone en mi cama algunas noches.

NO ES NADA DE TU CUERPO

No es nada de tu cuerpo,
ni tu piel, ni tus ojos, ni tu vientre,
ni ese lugar secreto que los dos conocemos,
fosa de nuestra muerte, final de nuestro entierro.
No es tu boca —tu boca
que es igual que tu sexo—,
ni la reunión exacta de tus pechos,
ni tu espalda dulcísima y suave,
ni tu ombligo, en que bebo.
Ni son tus muslos duros como el día,
ni tus rodillas de marfil al fuego,
ni tus pies diminutos y sangrantes,
ni tu olor, ni tu pelo.
No es tu mirada —¿qué es una mirada?—
triste luz descarriada, paz sin dueño,
ni el álbum de tu oído, ni tus voces,
ni las ojeras que te deja el sueño.
Ni es tu lengua de víbora tampoco,
flecha de avispas en el aire ciego,
ni la humedad caliente de tu asfixia
que sostiene tu beso.
No es nada de tu cuerpo,
ni una brizna, ni un pétalo,
ni una gota, ni un grano, ni un momento:

Es sólo este lugar donde estuviste,
estos mis brazos tercos.

ESTÁ LA CENIZA

Está la ceniza en el plato
sobre la cama, la almohada,

la libreta, la ropa, mi cuerpo,
escribiendo estas palabras.
En el techo, la lámpara
eléctrica, la ceniza,
la huella de algún alma,
una sombra, una araña.
Hay cuatro o cinco paredes
o seis, o espejos, o aguas
puestas de pie, y pintadas
unas manos despintadas,
unos rostros hacia dentro,
unas calaveras con máscaras.
El geranio se pasea en el patio
al lado de la rosa blanca
y el drenaje en silencio
se traga el chorro de aire de la casa.
Le doy la vuelta al mundo
cuando me caigo de la cama.
Soy el héroe de la corneta,
el de la boca desdentada.

HE AQUÍ QUE ESTAMOS REUNIDOS

He aquí que estamos reunidos
en esta casa como en el Arca de Noé:
Blanca, Irene, María y otras muchachas,
Jorge, Eliseo, Oscar, Rafael. . .
Vamos a conocernos rápidamente
y a fornicar y a olvidarnos.
El buey, el tigre, la paloma, el lagarto y el asno,
    todos
juntos bebemos, y nos pisamos y nos atropellamos
en esta hora que va a hundirse en el diluvio nocturno.
Relámpagos de alcohol cortan la obscuridad de las
    pupilas
y los truenos y la música se golpean entre las voces
    desnudas.
Gira la casa y navega hacia las horas altas.

¿Quién te tiene la mano, Magdalena, hundida en las
    almohadas?
¡Qué bello oficio el tuyo, de desvestirte
y alumbrar la sala!
¡Haz el amor, paloma, con todo lo que sabes:
tus entrenadas manos, tu boca, tus ojos,
tu corazón experto!
He aquí la cabeza del día, Salomé,
para que bailes delante de todos los ojos en llamas.
¡Cuidado, Lesbia, no nos quites ni un pétalo de las
    manos!
Sube en el remolino la casa y el tiempo sube
como la harina agria. ¡Hénos aquí a todos, fermentados,
brotándonos por todo el cuerpo el alma!

IGUAL QUE LA NOCHE. . .

Igual que la noche de la embriaguez,
igual fue la vida.
¿Qué hice?, ¿qué tengo entre las manos?
Sólo desear, desear, desear,
ir detrás de los sueños
igual que un perro ciego ladrándole a los ruidos.

LA SIRENA DE UNA AMBULANCIA

La sirena de una ambulancia pasa buscando
entre los seres queridos
de pronto.
Suena una gota de un ácido
sobre la madera de un ojo.
El techo de la casa cae en cámara lenta,
se desploma el algodón flotante del tiempo.
La sed de los drenajes borbota,
hierve hacia abajo como algunos pulmones,
y del miedo no se mueve ni una hoja.

El aire juega con la cola de la cebolla,
mientras la sombra de un niño se acurruca en un rincón
   de la madre.
El sueño tiene los ojos abiertos al nivel del mar.
Recórreme, desde las plantas de mi dolor,
hasta la punta de mi cabeza giratoria,
y encuentra algo de mí que yo conozca.

Me puse todo en el bote de la basura de Dios.

HE AQUÍ EL PATRIMONIO. . .

He aquí el patrimonio del desheredado:
sus hijos, y la tarea diaria,
y el pedazo de cama en que se acuestan
con los ojos abiertos los sueños.
¿Es posible?, ¿es posible vivir
al margen del río sonoro de la vida?

EN LA BOCA DEL INCENDIO. . .

En la boca del incendio arden mis días,
la hojarasca que soy, la yerba seca.
Siento mi alma como tierra quemada.

Ojos míos: no miren otra cosa que los fantasmas diarios.
Boca mía: no digas más que el saludo, "buenas noches",
y el tiempo, "qué hermosa tarde" o "cómo llueve".
Manos y dedos míos: sigan apretando el escritorio,
los billetes, la copa y los muslos.
Planta de mi pie: hay que continuar sobre el camino
   hollado,
al lado de los mismos automóviles, sobre las mismas
   hormigas.
Corazón mío: dedícate a tu sangre, a mis pulmones.
Y tú, querido estómago: digiere las cosas con que te
   acompaño.

Rueda del molino: no somos extraños.
Por ti, amada, odiada mía, me pondré a buscar los
   nombres más dulces
y los iré enterrando en tu oído con mi lengua.
Quiero llenarte la cabeza con esa espuma del mar.
Yo no sirvo para otra cosa que los pájaros.
Dios, árbol mío: déjame caer de ti como tu sombra.

MI CAMA ES DE MADERA

Mi cama es de madera
y cruje bajo el peso del amor jadeante,
pero mi cama es un barco inmóvil
que me lleva a donde quiero ir.
Carga mi soledad mejor que yo mismo
y conoce mis sueños
y se compadece de mí.
Mi cama es casi una nube,
es una alfombra para las pisadas de mi corazón.

A media luz, o a obscuras,
en mi cama encuentro a mi mujer, mis hijos, mis libros,
mis recuerdos y mis cigarros.
Y encuentro a Dios, a veces,
en la luz de una tarde como ésta,
que besa con la yema de sus dedos los párpados
   cerrados.

Amo mi cama porque en ella reposo como en mi muerte
y en ella siento que la vida puede ganarse aún.

Estoy agradecido porque tengo una cama
y es lo mismo que si tuviera un río,
lo mismo.

AHORA PUEDO HACER LLOVER

Ahora puedo hacer llover,

enderezar las ramas torcidas,
levantar a los muertos.
Hágase la luz, digo,
y toda la ciudad se ilumina.
¡Qué fácil es ser Dios!

PASA EL LUNES. . .

Pasa el lunes y pasa el martes
y pasa el miércoles y el jueves y el viernes
y el sábado y el domingo,
y otra vez el lunes y el martes
y la gotera de los días sobre la cama donde se quiere
    dormir,
la estúpida gota del tiempo cayendo sobre el corazón
    aturdido,
la vida pasando como estas palabras:
lunes, martes, miércoles,
enero, febrero, diciembre, otro año, otro año, otra vida.
La vida yéndose sin sentido, entre la borrachera y la
    conciencia,
entre la lujuria y el remordimiento y el cansancio.

Encontrarse, de pronto, con las manos vacías,
con el corazón vacío,
con la memoria como una ventana hacia la obscuridad,
y preguntarse: ¿qué hice?, ¿qué fui?, ¿en dónde estuve?
Sombra perdida entre las sombras,
¿cómo recuperarte, rehacerte, vida?

Nadie puede vivir de cara a la verdad
sin caer enfermo o dolerse hasta los huesos.
Porque la verdad es que somos débiles y miserables
y necesitamos amar, ampararnos, esperar, creer y
    afirmar.
No podemos vivir a la intemperie
en el solo minuto que nos es dado.

¡Qué hermosa palabra "Dios", larga
y útil al miedo, salvadora!
Aprendamos a cerrar los labios del corazón
cuando quiera decirla,
y enseñémosle a vivir en su sangre,
a revolcarse en su sangre limitada.

No hay más que esta ternura que siento hacia ti,
    engañado,
porque algún día vas a abrir los ojos
y mirarás tus ojos cerrados para siempre.
No hay más que esta ternura de mí mismo
que estoy abierto como un árbol,
plantado como un árbol, recorriéndolo todo.

He aquí la verdad: hacer las máscaras,
recitar las voces, elaborar los sueños.
Ponerse el rostro del enamorado,
la cara del que sufre,
la faz del que sonríe,
el día lunes, y el martes, y el mes de marzo
y el año de la solidaridad humana,
y comer a las horas lo mejor que se pueda,
y dormir y ayuntar,
y seguirse entrenando ocultamente para el evento final
del que no habrá testigos.

LA OLA DE DIOS. . .

La ola de Dios del mar de Dios azota.
En la playa de Dios, clavado, hundido,
hijo y padre de Dios, migaja suya
azotado y cansado y malherido.

Con cangrejos, con hijos, aturdido,
dando tumbos la sangre calentada,
de rodillas, inmóvil, desoído,
desojado, sin ojos y sin nada.

YURIA
(1967)

Rosita y Carlos Viesca:

Yuria no quiere decir nada. Es todo: es el amor, es el viento, es la noche, es el amanecer. Podría ser también un país: ustedes están en Yuria. O bien una enfermedad: hace tiempo que padecen yuria.

Yuria es una copa en la que podrían caber otros poemas. Pero es esta, con este licor maltratado, la que les ofrece

Jaime

1. CUBA 65

(1)

No sé, a estas alturas, cómo decir las cosas que suceden.
Soy un poco apagado, un poco triste,
un poco incrédulo y vacío.
Dejé pasar tres meses a propósito
para mirar en mí, mirarte lejos,
sano y salvo de ti, Cuba caliente.
(He aquí el primer error. No quiero atarme
a las palabras ni al ritmo.
Líbreme Dios de mí
igual que me he librado de Dios.)

Suscribo lo que dice la prensa reaccionaria del mundo.
(Así iba a empezar.)
En Cuba hay privaciones, hay escasez, no hay pollos,
no hay vestidos suntuosos ni automóviles último modelo,
hay pocas medicinas y mucho trabajo para todos.
Suscribo esto.

Quiero aclarar que no me paga un sueldo el partido
    comunista,
ni recibo dólares de la embajada norteamericana
(¡Qué bien la están haciendo los gringos
en Vietnam y en Santo Domingo!)
No acostumbro meterme con la poesía política
ni trato de arreglar el mundo.
Más bien soy un burgués acomodado a todo,
a la vida, a la muerte y a la desesperanza.
No tengo hábitos sanos
ni he aprendido a reír ni a conversar con nadie.

Soy un poco de todo,
y pienso que si fuera en un buque pirata
sería lo mismo el capitán que el cocinero.

(2)

"Hambre y sed de justicia"
¿es más que sólo el hambre y la sed?

¿De dónde un pueblo entero se aprieta la barriga
porque sí?
¿de qué raíz de rencor,
de cuánta injuria,
de cuánta revancha detenida,
de cuántos sueños postergados
surge la fuerza de hoy?

Porque es necesario decir esto:
para acabar con la Cuba socialista
hay que acabar con seis millones de cubanos,
hay que arrasar a Cuba con una guataca inmensa
o echarle encima todas las bombas atómicas y los
    diablos.

(Señor Presidente Johnson:
hundamos a Cuba
porque la isla de Cuba navega peligrosamente
alrededor de América.)

(3)

¿Quién es Fidel?, me dicen,
y yo no lo conozco.

Una noche en el malecón una muchacha que estaba
    conmigo
dio de gritos palmoteando: "ahí va Fidel,
ahí va Fidel", y yo vi pasar tres carros.

Otra vez, en un partido de pelota,
la gente le gritaba:
"no seas maleta, Fidel"
como quien le habla a un hermano.
"Vino Fidel y dijo. . .", dice el guajiro.

El obrero dice: Vino Fidel.

Yo he sacado en conclusión de todo esto
que Fidel es un duende cubano.
Tiene el don de la ubicuidad,
está en la escuela y en el campo,
en la junta de ministros y en el bohío serrano
entre las cañas y los plátanos.
En realidad, Fidel es el nombre
del viento que levanta a cada cubano.

(4)

Estoy harto de la palabra revolución
pero algo pasa en Cuba.

No es parto sin dolor, es parto entero,
convulso, alucinante.
Se han quebrado familias, se separan
los que no quieren ver ni ser testigos,
los lastimados y los impotentes.
¿Por qué mi tío Ramón, con sus ochenta,
quiere morir en Cuba
con hijos en Miami y otros hijos
de Colón a La Habana?
¿por qué cantan los niños
cuando van al trabajo, entre clases y clases?
(Un domingo, en Cienfuegos,
en un camión, temprano,
los vi salir al campo,
y era como si Cuba amaneciera
en sus risas y cantos.)

¿Por qué estudian América y Celeste
y otras recamareras, en el hotel, a diario?
¿por qué el libro se ha vuelto de pronto
bueno como el boniato?

Es verdad que han partido,

arando el mar, gusanos,
y hombres y mujeres han partido
y, ciertos o engañados,
violentos o perdidos o espantados,
han partido, se han ido –oscurecido–
a un porvenir que espera mutilado.

Cuba de pie, de frente,
de corazón, entera,
Cuba de pie ha quedado.

Cuba rodeada de enemigos,
Cuba sola en el mar,
Cuba ha quedado.

(5)

Crece difícilmente, pero crece
diáfanamente.
Es limpio este crecer,
hay algo limpio y doloroso en todo,
son los años del cambio, del ajuste,
del vivir de otro modo.

¿En dónde vi la alegría derramada
–Playa Girón– sobre la sangre fresca?
Escuela de combate: pescadores,
niños nautas, pizarrón en fiesta.

Hay pueblos tristes como en todas partes,
pero el cubano tiene una madera
oscuramente alegre, una fuente de sol,
un surtidor de agua.
Escándalo y ternura al mismo tiempo,
vocifera, se llena, se derrama.

(6)

Haciéndose su casa, Cuba

tiene las manos limpias.
Será una casa para todos,
una casa hermosa y sencilla,
casa para el pan y el agua,
casa para el aire y la vida.

(7)

Un día, en Banagüises, una pequeña aldea,
sentí las gentes, sentí el campo, sentí la verdad de Cuba.
Son gentes viejas y tranquilas
(yo lloré con Ignacio, con Jabay, con Juanita)
las casas de madera y los portales amplios
(yo lloré con su paz y su melancolía).

Una calle asfaltada, orgullosa, atraviesa
el vecindario hasta la vía.
Cerca, los trenes jalan la caña
y cargan el mediodía.
Están allí como los árboles:
las mujeres, los niños, la panadería.
Tienen el suelo abajo y el sol encima.

Aquí las cosas pasan lentamente,
las ideas se comen, los alimentos se meditan,
los brazos salen de la tierra,
los yerbazales se agitan,
un perro de piedra corre en las calles
y corre un pozo de agua bendita.
Un joven muerto es un obelisco
y el aire es el sueño de una muchacha bonita.

Banagüises, que llevó mi padre
en el pecho como una reliquia,
es un pueblo joven y viejo
de esta nueva Cuba tan antigua.

(8)

Quiero decir que ya estaba Martí
en estas trincheras; que a su lado estaban
todos estos;
Camilo Cienfuegos tiene cien años
y cien años tiene
cada muchacho de la universidad.
(¡Es tan duro este pelear y este morirse
    y este renacer y este repelear por la libertad!)

Ya estaban todos los que están ahora.
Ya estarán multiplicados mañana
porque la levadura de la justicia es buena
y sólo quieren vivir en paz.

El jovencito de la metralleta,
la muchacha del uniforme,
el niño que se cubre con el cuaderno,
el viejo que grita en el juego de pelota,
los estibadores y los panaderos,
hasta los poetas, Dios mío,
sólo quieren vivir en paz.

Los que murieron en las calles
también quieren vivir en paz.

(9)

Es necesario detenerse frente al mar.

El mar oscuro es del color de Miriam,
tiene su mismo oleaje y su claridad.

En las playas del pueblo sentí que era sencillo,
enormemente sencillo, amar.

La arena, el viento,
los árboles, los hombres,

todos se pueden juntar.

¡Cuba, vamos a pelear
para vivir en paz!

II. JUGUETERÍA Y CANCIONES

Llueve, llovizna, se humedece el aire, se enfría, vuelve a llover, diluvia, caen, paren las nubes a ras de tierra, desaparecen, llovizna, quedan las cosas frías, humedecidas, mojadas, distantes, aisladas, penetradas del cielo derribado, de la ascensión terrestre. El agua insiste. Amputado de las piernas, el día, desde temprano, se arrastra trabajosamente en las calles, se regocija en las grandes avenidas, y se echa cansado debajo de los árboles en las plazas sitiadas de edificios.

El agua corre en hilos, en arroyos, hacia la alcantarilla de la esquina, se estanca, se aglomera, desciende de su vientre, crece. Se ha detenido en las paredes, en las ropas, en los jardines interiores; juega con los niños, se divierte con los peatones, humilla a los obreros de los camiones de carga. Luego, se oculta, desaparece, se hace idéntica al aire, se respira. Y entristece a la luz. Alarga las horas de los amantes, prolonga la soledad, ahonda el infortunio.

El agua, sobre la ciudad, permanece, burla al tiempo. Los cristales de las ventanas se endurecen, se hacen como espejos, y se encienden una a una las lámparas.

*

Once y cuarto. Apenas el sol, la música en el radio, el frío en los pies. ¡Qué bien una taza de café, un cigarro, el corazón vacío! Sin temas, sin asuntos, sin palabras. Las palabras como las moscas. Hoy es 12 de julio, viernes de la semana; mañana es sábado, pasado mañana domingo. ¿Cuándo nos olvidaremos de contar los días, de nombrarlos? Mañana Pedro, pasado mañana Carlos, ayer fue María, antier Lucero; dentro de poco amanecerán Estrella, Jabalí, Venado, Esmeralda, Cedro, Yerbabuena; nunca el mismo nombre para la luz distinta. "En la noche de la Ostra el aire no durmió." "Nos veremos al amanecer del Rocío, junto a las paredes del mar." "Te tengo deshilachada en mi corazón, coleóptero, piedra de luz, pero ya viene el día del remorir y entonces."

¿Qué pensaría Lázaro cuando iba a morir por segunda vez? La segunda muerte ¿fue distinta de la primera, como el lunes es distinto del martes? ¿A cuántas muertes tenemos derecho cada uno? Porque la vida es siempre la misma, pero la muerte. . .

Un personaje

Jaialai es un hombre docto, circunspecto, autoritario. Tiene fama de poeta y es un intelectual de cuerpo entero. Usa lentes y sus ademanes son graves y precisos. Cuando es necesario sonríe y desciende a la confidencia amena, a la ironía oportuna, o al gracejo de la amistad más verdadera. Encanta a su interlocutor agradecido y lo colma de los bienes de su sabiduría paternal, generosa y espléndida.

Jaialai se pregunta porqué no escribe, pero ve con placer el testimonio de su fama: un libro de versos de hace veinte años, que sus amigos llamaron "subjetivos, penetrantes, llenos de descubrimientos. . ." –Ahora, con la lectura de los libros nuevos y la lectura de lo que se dice sobre los libros nuevos, no hay tiempo sino para las críticas inteligentes que consolidan su prestigio. Colaborador en dos o tres periódicos y en las más importantes revistas de literatura del país, hacia él se dirigen los ojos de la juventud inexperta en busca de consejo y orientación.

Jaialai es un hombre enormemente feliz. Esto se nota, particularmente, cuando está frente a la mesa: come como un desesperado, con un hambre consciente, vigorosa, enérgica, insistente, atragantándose, dando tumbos, pero con la mirada siempre perdida como si reflexionara, como si meditara en los problemas de la metafísica kantiana. ¡Hay que verlo comer para comprender la importancia que tiene en el mundo Jaialai!

*

Barriga vacía: corazón ligero. Cantemos a la taza de café caliente, al calumniado cigarro, a Bach cancerígeno, teógeno, a esta hora enhiesta en la soledad.

Aprendamos a hacer el amor como las palomas. Lloremos como lloran los niños. Aún es tiempo de amanecer junto al sol.

En el declive de tu espalda voy a quedarme muerto un rato. Una dulcísima noche fatigada. En tu espalda, tus brazos que se duermen contigo, el sueño derramado sobre tu cuerpo, tus senos que respiran en mis manos; oh ausente.

Porque he querido quererte a través de los días, y ha pasado el tiempo de nuestro amor.

*

Espero curarme de ti en unos días. Debo dejar de fumarte, de beberte, de pensarte. Es posible. Siguiendo las prescripciones de la moral en turno. Me receto tiempo, abstinencia, soledad.

¿Te parece bien que te quiera nada más una semana? No es mucho, ni es poco, es bastante. En una semana se puede reunir todas las palabras de amor que se han pronunciado sobre la tierra y se les puede prender fuego. Te voy a calentar con esa hoguera del amor quemado. Y también el silencio. Porque las mejores palabras del amor están entre dos gentes que no se dicen nada.

Hay que quemar también ese otro lenguaje lateral y subversivo del que ama. (Tú sabes cómo te digo que te quiero cuando digo: "qué calor hace", "dame agua", "¿sabes manejar?", "se hizo de noche". . . Entre las gentes, a un lado de tus gentes y las mías, te he dicho "ya es tarde", y tú sabías que decía "te quiero".)

Una semana más para reunir todo el amor del tiempo. Para dártelo. Para que hagas con él lo que tú quieras: guardarlo, acariciarlo, tirarlo a la basura. No sirve, es cierto. Sólo quiero una semana para entender las cosas. Porque esto es muy parecido a estar saliendo de un manicomio para entrar a un panteón.

*

¡Qué costumbre tan salvaje esta de enterrar a los muertos! ¡de matarlos, de aniquilarlos, de borrarlos de la faz de la tierra! Es tratarlos alevosamente, es negarles la posibilidad de revivir.

Yo siempre estoy esperando que los muertos se levanten, que rompan el ataúd y digan alegremente: ¿por qué lloras?

Por eso me sobrecoge el entierro. Aseguran las tapas de la caja, la introducen, le ponen lajas encima, y luego tierra, tras, tras, tras, paletada tras paletada, terrones, polvo, piedras, apisonando, amacizando, ahí te quedas, de aquí ya no sales.

Me dan risa, luego, las coronas, las flores, el llanto, los besos derramados. Es una burla: ¿para qué lo enterraron?, ¿por qué no lo dejaron fuera hasta secarse, hasta que nos hablaran sus huesos de su muerte? ¿O por qué no quemarlo, o darlo a los animales, o tirarlo a un río?

Habría que tener una casa de reposo para los muertos, ventilada limpia, con música y con agua corriente. Lo menos dos o tres, cada día, se levantarían a vivir.

*

En el saco de mi corazón caben todas las cosas, desde la ignominia a la ternura, desde las uvas de mujeres amadas hasta las corcholatas que me tiran los niños. Cada hora deposita en mi corazón un objeto distinto, y cada vez que extraigo de él un recuerdo sale con sangre.

Yo me multiplico incansablemente. Estreno manos y bocas todos los días, cambio de piel, de ojos y de lengua, y me pongo un alma cada vez que es preciso.

Desde el amanecer hasta la noche la luz es distinta y se le llama día. Así me llaman Jaime. Pero yo duro también en la oscuridad, más allá del momento impenetrable en que hago recuento de mis estrellas.

*

Nada de ayer, nada de mañana.
El cuerpo convalece del alma.
Nada del tiempo, de la muerte nada.
De la vida, del sueño, de la angustia,
de la alegría, ni de la esperanza:
la luz apenas, el ruido, los objetos
y nada, nada.

*

Si sobrevives, si persistes, canta,
sueña, emborráchate.
Es el tiempo del frío: ama,
apresúrate. El viento de las horas
barre las calles, los caminos.
Los árboles esperan: tú no esperes,
éste es el tiempo de vivir, el único.

Quise hacer dinero,
vivir sin trabajar,
disfrutar de las cosas del mundo.
Pero ya estaba escrito
que he de comer mi piedra
con el sudor de mi corazón.

*

Cuando tengas ganas de morirte
esconde la cabeza bajo la almohada
y cuenta cuatro mil borregos.
Quédate dos días sin comer
y verás qué hermosa es la vida:
carne, frijoles, pan.
Quédate sin mujer: verás.

Cuando tengas ganas de morirte
no alborotes tanto: muérete
y ya.

*

Digo que no puede decirse el amor.
El amor se come como un pan,
se muerde como un labio,
se bebe como un manantial.
El amor se llora como a un muerto,
se goza como un disfraz.
El amor duele como un callo,
aturde como un panal,
y es sabroso como la uva de cera
y como la vida es mortal.

El amor no se dice con nada,
ni con palabras ni con callar.
Trata de decirlo el aire
y lo está ensayando el mar.
Pero el amante lo tiene prendido,

untado en la sangre lunar,
y el amor es igual que una brasa
y una espiga de sal.

La mano de un manco lo puede tocar,
la lengua de un mudo, los ojos de un ciego,
decir y mirar.
El amor no tiene remedio
y sólo quiere jugar.

Habana Riviera

¡Qué cantidad de agua tan enorme tiene el mar!
¡cómo es posible atravesar el mar!
¿Quién se baña en el mar, quién sale vivo,
quién sobrevive al mar?

Este edificio en que contemplo el mar,
esta ciudad, navega,
esta isla se mueve sobre el mar.

A mí me marea el mar.
Todo gira de pronto,
se me echa encima el mar.

Sube en el viento el mar.
El mar sale del mar.
Altas olas golpean, se golpean,
vienen, pasan, retornan, todo es mar.

El cielo flota en el mar.

*

Amor mío, mi amor, amor hallado
de pronto en la ostra de la muerte,
quiero comer contigo, estar, amar contigo,
quiero tocarte, verte.

Me lo digo, lo dicen en mi cuerpo
los hilos de mi sangre acostumbrada,
lo dice este dolor y mis zapatos
y mi boca y mi almohada.

Te quiero, amor, amor, absurdamente,
tontamente, perdido, iluminado,
soñando rosas e inventando estrellas
y diciéndote adiós yendo a tu lado.

Te quiero desde el poste de la esquina,
desde la alfombra de ese cuarto a solas,
en las sábanas tibias de tu cuerpo
donde se duerme un agua de amapolas.

Cabellera del aire desvelado,
río de noche, platanar oscuro,
colmena ciega, amor desenterrado,

voy a seguir tus pasos hacia arriba,
de tus pies a tu muslo y tu costado.

    *

Tú eres mi marido y yo soy tu mujer.
Tú eres mi hermana y yo soy tu hermano.
Tú eres mi madre y yo soy tu hijo.
Los dos somos nada más uno.

Tú te abres y yo te penetro.
Tú eres María y yo soy José.
Tú me abrazas y yo te envuelvo.
Tú eres mi sangre y yo soy tu piel.

Carmen y Rosa, Berta, Beatriz,
Carlos y Pedro, Jorge, Rubén,
tú eres el vaso, el agua, la piedra,
el carbón, el vinagre, la miel,

yo soy tu boca, tu mano, tu ombligo,
tu oreja, tu lengua, tu uña, tu pie.

Los dos somos nada más uno,
somos qué, cuándo, quién.

Tú eres mi hija, mi nieta, mi extraña.
Yo soy tu marido, tú eres mi mujer.

III. AUTONECROLOGÍA

I

Cuatro, cinco, seis voces conocidas
salen de mi garganta,
salgo yo de cenizas,
de escombros familiares,
soy un coro de inválidos, de agónicos,
de encorvados bufones
recogiendo monedas que no sirven.

"Me he muerto tantas veces", es un decir como otros.
No he dormido, es lo cierto,
y ya no tengo ni hambre.

Si alguien me deja por allí,
si alguien me tira bajo un árbol
o en algún basurero
¡qué descanso!

¡Aquí, jinetes del apocalipsis diario,
voy a trabarles las patas
con un cordón de seda!

¿Que qué es este saco que llevo a mi espalda?
Es un costal con mis vísceras más queridas:
hígado y riñones, pulmón y tripas, páncreas
para los gatos desvelados.
("Miau" es la expresión más tierna del amor).

Aquí viene uno, míralo.

Se me parece como una gota a otra.
(Somos dos lágrimas caídas de los ojos de la muerte,
Columba)
Concubinas del diablo, señor de los misterios,
padre nuestro, recemos,
cantemos al oráculo de la buena vida,

entonemos el himno de la resurrección
en los pétalos inmensos de la noche abierta.

2

Hay un día entre el domingo y el lunes
que salgo al campo.
Allí me reconcilio con la vida pastando
(la alfalfa tiene un sabor a verde exquisito
y las moscas son mínimas y tranquilas).

Dice el doctor que todo esto es mal de los nervios.
Lo mismo dice Buda en esa novela que escribió hace
    poco
acerca de los Beatles.

3

Ahora se abren puertas de cuartos vacíos,
se oyen pasos en el tejado que no existe.
Hay campos de concentración, hay alambradas
en que famélicos dioses piden agua.
Santos arbóreos (criminales colgados de sus brazos)
y subterráneos topos se saludan.
Es cuestión de raíces.
Hay una raíz que amamanta a los muertos
con una leche agria, metálica y purísima.
Otra raíz para las águilas en vuelo,
una raíz del viento más delgado y más fino.
Y otra raíz de espanto
con que te dan el chocolate y las sonrisas.

Mírame bailar en un solo pie
sobre el alambre de la luz. Yo alumbro
esta esquina los miércoles
hasta que llegan a los quicios a hacerse el amor.
Ando buscando quién me regala un río.

Me despierto temprano

cuando la noche apenas si se estira en la cama,
para acechar las amenazas,
para torcerles el pescuezo dormidas.
Pero hay una mujer que se complace
en sacar serpientes todo el día.
Hay un nido de arañas en un lugar del sueño.
No hay paz, no hay paz, hay estertores,
odios violentos como un látigo,
lamentos inauditos.

Cógete de la mano de la furia
y apágate en seguida,
disciplina tus brazas,
amordaza las pústulas briosas,
detente.

Viene el aire gimiendo,
la subversiva tranquilidad que ronda la casa.

He aquí el responso,
la misa de las doce de la noche de siempre.
Buenas gentes, entrad al patio,
seamos hermanos en el nombre del átomo
(los cuchillos en esta canasta
y, por favor, las piedras),
en el nombre de Carlota seamos hermanos,
seamos hermanos en el nombre del gato
y del escarabajo.
Los gusanos, hermanos, son buenas gentes.
No hay que tenerle miedo al agujero del patio.

4

Y bien. Es el momento de amontonar palabras, hojarasca,
y quemarlas.
Y si echamos las manos a ese fuego,
si el pelo, si una parte del alma,
si los ojos,
mejor, tanto mejor.

De este residuo de los días
hay que impregnar la almohada.
(Bajo las sábanas el cuerpo mutilado
se reconstruye.)
La soledad es rica en amapolas
y el silencio despierta los sueños.

5

Te quiero porque tienes las partes de la mujer
en el lugar preciso
y estás completa. No te falta ni un pétalo,
ni un olor, ni una sombra.
Colocada en tu alma,
dispuesta a ser rocío en la yerba del mundo,
leche de luna en las oscuras hojas.

Quizás me ves,
tal vez, acaso un día,
en una lámpara apagada,
en un rincón del cuarto donde duermes,
soy una mancha, un punto en la pared, alguna raya
que tus ojos, sin ti, se quedan viendo.
Quizás me reconoces
como una hora antigua
cuando a solas preguntas, te interrogas
con el cuerpo cerrado y sin respuesta.
Soy una cicatriz que ya no existe,
un beso ya lavado por el tiempo,
un amor y otro amor que ya enterraste.
Pero estás en mis manos y me tienes
y en tus manos estoy, brasa, ceniza,
para secar tus lágrimas que lloro.

¿En qué lugar, en dónde, a qué deshoras
me dirás que te amo? Esto es urgente
porque la eternidad se nos acaba.

Recoge mi cabeza. Guarda el brazo

con que amé tu cintura. No me dejes
en medio de tu sangre en esa toalla.

6

El mediodía en la calle, atropellando ángeles,
violento, desgarbado;
gentes envenenadas lentamente
por el trabajo, el aire, los motores;
árboles empeñados en recoger su sombra,
ríos domesticados, panteones y jardines
transmitiendo programas musicales.
¿Cuál hormiga soy yo de estas que piso?
¿qué palabras en vuelo me levantan?

"Lo mejor de la escuela es el recreo",
dice Judit, y pienso:
¿cuándo la vida me dará un recreo?
¡Carajo! Estoy cansado. Necesito
morirme siquiera una semana.

7

Jaime, Carlos, Manuel, Pedro, Gilberto,
tengo todos los nombres de los hombres,
entiendo por garote, cuasimodo, rododendro,
paloagrio y aceite,
azufre, pedernal, gato pómez, rastrojo. . .

Si alguien se queja en algún lado,
si alguien mata,
si alguien es muerto,
si alguien ama hasta quedarse mudo,
si alguien se duele o goza de algún modo,
estoy, no cabe duda, soy yo en algún momento.

8

Esta mañana imaginé mi muerte:

despeñado en el coche o de un balazo.
Me tuve lástima. Lloré por mi cadáver un buen rato.
Hablé, luego, de vacas, del gobierno,
de lo cara que cuesta ahora la vida,
y me sentí mejor, un poco bueno.
Iba a decirte que estoy realmente enfermo.
Como sin piel, herido por el aire,
herido por el sol, las palabras, los sueños.
Se me ha trepado en la nuca un cabrón diablo
y no me deja quieto.
Ulcerado, podrido, hay que vivir
a rastras, a gatas, apenas, como puedo.

9

Pétalos quemados,
viejo aroma que vuelve de repente,
un rostro amado, solo, entre las sombras,
algún cadáver de uno levantándose
del polvo, de alguna abandonada soledad
que estaba aquí en nosotros:
esta tarde tan triste, tan triste, tan triste.

Si te sacas los ojos y los lavas
en el agua purísima del llanto,
¿por qué no el corazón
ponerlo al aire, al sol, un rato?

10

Se ha vuelto llanto este dolor ahora
y es bueno que así sea.
Bailemos, amemos, Melibea.

Flor de este viento dulce que me tiene,
rama de mi congoja:
desátame, amor mío, hoja por hoja.

Mécete aquí en mis sueños,

te arropo con mi sangre, ésta es tu cuna:
déjame que te bese una por una,

mujeres tú, mujer, coral de espuma.

Rosario, sí, Dolores cuando Andrea,
déjame que te llore y que te vea.

Me he vuelto llanto nada más ahora
y te arrullo, mujer, llora que llora.

11

Cuando estuve en el mar era marino
este dolor sin prisas.
Dame ahora tu boca:
me la quiero comer con tu sonrisa.

Cuando estuve en el cielo era celeste
este dolor urgente.
Dame ahora tu alma:
quiero clavarle el diente.

No me des nada, amor, no me des nada:
yo te tomo en el viento,
te tomo del arroyo de la sombra,
del giro de la luz y del silencio,
de la piel de las cosas
y de la sangre con que subo al tiempo.
Tú eres un surtidor aunque no quieras
y yo soy el sediento.

No me hables, si quieres, no me toques,
no me conozcas más, yo ya no existo.
Yo soy sólo la vida que te acosa
y tú eres la muerte que resisto.

IV. VUELO DE NOCHE

Me dueles.
Mansamente, insoportablemente, me dueles.
Toma mi cabeza, córtame el cuello.
Nada queda de mí después de este amor.

Entre los escombros de mi alma búscame,
escúchame.
En algún sitio mi voz, sobreviviente, llama,
pide tu asombro,
tu iluminado silencio.

Atravesando muros, atmósferas, edades,
tu rostro (tu rostro que parece que fuera cierto)
viene desde la muerte, desde antes
del primer día que despertara al mundo.

¡Qué claridad tu rostro, qué ternura
de luz ensimismada,
qué dibujo de miel sobre hojas de agua!

Amo tus ojos, amo, amo tus ojos.
Soy como el hijo de tus ojos,
como una gota de tus ojos soy.
Levántame. De entre tus pies levántame, recógeme,
del suelo, de la sombra que pisas,
del rincón de tu cuarto que nunca ves en sueños.
Levántame. Porque he caído de tus manos
y quiero vivir, vivir, vivir.

　　　*

Va a venir, yo sé que vendrá, caerá del techo como un
manojo de arañas negras, la hora del horror sobre la espalda del paralítico, el roce de la serpiente en la nuca del
ciego.

Gloriosos los que mueren en paz. El sapo bajo la pedrada.

El piojo entre las uñas. El cuello del santo entre las tijeras de Dios. (Insisto en la sabiduría de El Que Mata a Tiempo.) Gloriosos los que viven bajo las alas de la mariposa torcaz.

Dichosos los bueyes porque son mansos, y las gallinas que son pisadas por la sombra del gavilán. Bienaventurados los que pasan por el ojo de una aguja el hilo del gran carrete de oro.

*

Dios bendiga a sus hijos desamparados,
a sus hijos dejados de la mano de Dios,
a sus hijos sin madre y sin padre,
Dios bendiga a sus hijos huérfanos.
Desdiosados, benditos, descansen en paz,
reposen en la tumba del dulce hogar.
Estómago del asco,
boca de la mentira, R.I.P.
Rip bajo la manta húmeda,
en el charco solemne de la madrugada,
rip, rip, hip!

*

¡Abajo! Viene el viento furioso arrebatando, la cuchilla, la ola de la muerte, ¡abajo, a tierra!, dejar pasar la llama que tiene pies de vidrio, los desbocados caballos del fuego, el huracán de la ceniza, el sigiloso frío que desciende hasta el corazón de la roca, ¡abajo! ¡hacia la tierra caliente, la paloma que nos ampara bajo el musgo!

Sobremurientes, digo. Digo puñales, carretón de cabezas de res, bodegas de vísceras, peroles de sangre, restauranteros de etiqueta, borrachos, damas elegantes de cauteloso menstruar, solitarios, ríos de mierda bordeando la ciudad, bardas infinitas entre los árboles y la neblina, panteones desahuciados por los reverendos gachupines curas jijos, catedrales del rábano, periféricos, tianguis de pintores, antología de jotos malditos bilinguados. . .

Sueño que tengo mi mano entre tus muslos y que te abro los labios, novia delicada y frágil, y pongo el pétalo de un beso en tu humedad sombría. (Me despierta el roce del ala derecha del ángel de mi guarda y me pongo a rezar para purificarme: en nombre del clítoris y del prepucio, orbi et orbis, amén.)

*

Canonicemos a las putas. Santoral del sábado: Bety, Lola, Margot, vírgenes perpetuas, reconstruidas, mártires provisorias llenas de gracia, manantiales de generosidad.

Das el placer, oh puta redentora del mundo, y nada pides a cambio sino unas monedas miserables. No exiges ser amada, respetada, atendida, ni imitas a las esposas con los lloriqueos, las reconvenciones y los celos. No obligas a nadie a la despedida ni a la reconciliación; no chupas la sangre ni el tiempo; eres limpia de culpa; recibes en tu seno a los pecadores, escuchas las palabras y los sueños, sonríes y besas. Eres paciente, experta, atribulada, sabia, sin rencor.

No engañas a nadie, eres honesta, íntegra, perfecta; anticipas tu precio, te enseñas; no discriminas a los viejos, a los criminales, a los tontos, a los de otro color; soportas las agresiones del orgullo, las asechanzas de los enfermos; alivias a los impotentes, estimulas a los tímidos, complaces a los hartos, encuentras la fórmula de los desencantados. Eres la confidente del borracho, el refugio del perseguido, el lecho del que no tiene reposo.

Has educado tu boca y tus manos, tus músculos y tu piel, tus vísceras y tu alma. Sabes vestir y desvestirte, acostarte, moverte. Eres precisa en el ritmo, exacta en el gemido, dócil a las maneras del amor.

Eres la libertad y el equilibrio; no sujetas ni detienes a

nadie; no sometes a los recuerdos ni a la espera. Eres pura presencia, fluidez, perpetuidad.

En el lugar en que oficias a la verdad y a la belleza de la vida, ya sea el burdel elegante, la casa discreta o el camastro de la pobreza, eres lo mismo que una lámpara y un vaso de agua y un pan.

Oh puta amiga, amante, amada, recodo de este día de siempre, te reconozco, te canonizo a un lado de los hipócritas y los perversos, te doy todo mi dinero, te corono con hojas de yerba y me dispongo a aprender de ti todo el tiempo.

*

Cantemos al dinero
con el espíritu de la navidad cristiana.
No hay nada más limpio que el dinero,
ni más generoso, ni más fuerte.
El dinero abre todas las puertas;
es la llave de la vida jocunda,
la vara del milagro,
el instrumento de la resurrección.
Te da lo necesario y lo innecesario,
el pan y la alegría.
Si tu mujer está enferma puedes curarla,
si es una bestia puedes pagar para que la maten.
El dinero te lava las manos
de la injusticia y el crimen,
te aparta del trabajo,
te absuelve de vivir.
Puedes ser como eres con el dinero en la bolsa,
el dinero es la libertad.
Si quieres una mujer y otra y otra, cómpralas,
si quieres una isla, cómprala.
si quieres una multitud, cómprala.
(Es el verbo más limpio de la lengua: comprar.)
Yo tengo dinero quiere decir me tengo.

Soy mío y soy tuyo
en este maravilloso mundo sin resistencias.
Dar dinero es dar amor.

¡Aleluya, creyentes,
uníos en la adoración del calumniado becerro de oro
y que las hermosas ubres de su madre nos amamanten!

*

Dejé mi cadáver a orilla de la carretera y me vine llorándome. La ciudad es enorme como un enorme hospicio. Fría y acogedora, oscura e iluminada como la cárcel.

Vine buscando al amor. Pensé que el amor era el único refugio contra los bombardeos nocturnos. Y encontré que el amor no podía salvarse. El amor dura sólo un instante. Es corrompido por el tiempo, no soporta la ausencia, apesta con las horas, se somete a las glándulas, está a la intemperie.

Mi pequeño jardín estaba engusanado. Nada de lo que dejé encontré. Ni un pétalo ni una brizna de aire.

¿Qué voy a hacer ahora? Tengo ganas de ponerme a llorar, estoy llorando. Quiero reunir mis cosas, algún libro, una caja de fósforos, cigarros, un pantalón, tal vez una camisa. Quiero irme. No sé a dónde ni para qué, pero quiero irme. Tengo miedo. No estoy a gusto.

¿Qué va a ser de mis hijos? Ojalá que crezcan indiferentes o ignorantes. Hay que aturdirse. Por eso es bueno el rocanrol, el tuist, el mozambique.

¿Habrá que vivir borracho de algo, como decía Baudelaire? Pero esta borrachera lúcida del tiempo y de la gente ¿no es demasiado?

¡Te quiero! ¡Te quiero cucaracha, María, Rosa, lepra,

Isabel, cáncer, hepatitis, Gertrudis, manzana, mariposa, becerro, nogal, río, pradera, nube, llovizna, sol, escarabajo, caja de cartón, te quiero, flor pintada, plumero, amor ,mío! Te quiero. No puedo vivir sin nadie. Me voy.

*

Es la hora del atardecer. Casablanca tiene sus casas de madera y una calle larga, asfaltada, estrecha, que va subiendo. Las gentes se asoman a los portales, se sientan en una mecedora, conversan con los vecinos, ven pasar el·tiempo. Nadie perturba la quietud del domingo. Sientes que en el interior de las casas hay una tristeza cotidiana, amancebada con los muebles de la pobreza, untada un poco a la sombra de que salen voces humanas. Si caminas doscientos o trescientos metros encuentras un pedazo de tierra entre las casas, a un lado del camino. Desde esta ladera inculta ves la bahía, los barcos, la refinería, La Habana a lo lejos. A tu lado hay gallinas, unas cuatro, picando entre las yerbas; a veinte metros un hombre con el dorso desnudo repara el techo de su casa; detrás de ti pasan niños y uno que otro vehículo hacia la cima de la tarde. Todo es absolutamente irreal. Un escenario para una obra que se está ensayando apenas en la mente de alguien. La luz desciende, el agua con los barcos está inmóvil, las voces y los ruidos se quedan en el aire, todo está suspendido, eternizado, esperando ser.

Nunca podrás salir de esta tarde de Casablanca, porque allí hasta el amor era una cosa corriente como las gallinas, sencilla, verdadera, profunda, perpetuamente quieta.

*

Si pudieras escarbar en mi pecho, y escarbar en mi alma, y escarbar por debajo de las tumbas, no encontrarías nada. Es sólo el tiempo el que nos pone algo en las manos, una fruta, una piedra, algodones o vidrios.

Soy inmensamente esta hora. Me he puesto esta mirada en los ojos y estoy frente a las sombras. La vida sólo dice las palabras que le hemos enseñado, y el silencio es un cristal opaco, el misterio es un muro detrás del cual no hay nada.

¿Cuál es el esqueleto de mis días?, ¿qué rastro, qué huella de mí queda?, ¿qué permanece, sino estos vanos humos de la memoria encerrados en este cuarto ciego? ¡Abrid las ventanas!, ¡que entre la luz y que entre el aire, el aire que es el más fiel testigo de la vida!

En vano quieres sacar agua del pozo. El ayer se ha secado, y sólo los rastrojos bostezan en su arenal oscuro.

ALGO SOBRE LA MUERTE DEL MAYOR SABINES

(1973)

PRIMERA PARTE

I

Déjame reposar,
aflojar los músculos del corazón
y poner a dormitar el alma
para poder hablar,
para poder recordar estos días,
los más largos del tiempo.

Convalecemos de la angustia apenas
y estamos débiles, asustadizos,
despertando dos o tres veces de nuestro escaso sueño
para verte en la noche y saber que respiras.
Necesitamos despertar para estar más despiertos
en esta pesadilla llena de gentes y de ruidos.

Tú eres el tronco invulnerable y nosotros las ramas,
por eso es que este hachazo nos sacude.
Nunca frente a tu muerte nos paramos
a pensar en la muerte,
ni te hemos visto nunca sino como la fuerza y la alegría.
No lo sabemos bien, pero de pronto llega
un incesante aviso,
una escapada espada de la boca de Dios
que cae y cae y cae lentamente.
Y he aquí que temblamos de miedo,
que nos ahoga el llanto contenido,
que nos aprieta la garganta el miedo.
Nos echamos a andar y no paramos
de andar jamás, después de medianoche,
en ese pasillo del sanatorio silencioso
donde hay una enfermera despierta de ángel.
Esperar que murieras era morir despacio,
estar goteando del tubo de la muerte,
morir poco, a pedazos.

No ha habido hora más larga que cuando no dormías,

ni túnel más espeso de horror y de miseria
que el que llenaban tus lamentos,
tu pobre cuerpo herido.

II

Del mar, también del mar,
de la tela del mar que nos envuelve,
de los golpes del mar y de su boca,
de su vagina obscura,
de su vómito,
de su pureza tétrica y profunda,
vienen la muerte, Dios, el aguacero
golpeando las persianas,
la noche, el viento.

De la tierra también,
de las raíces agudas de las casas,
del pie desnudo y sangrante de los árboles,
de algunas rocas viejas que no pueden moverse,
de lamentables charcos, ataúdes del agua,
de troncos derribados en que ahora duerme el rayo,
y de la yerba, que es la sombra de las ramas del cielo,
viene Dios, el manco de cien manos,
ciego de tantos ojos,
dulcísimo, impotente.
(Omniausente, lleno de amor,
el viejo sordo, sin hijos,
derrama su corazón en la copa de su vientre.)

De los huesos también,
de la sal más entera de la sangre,
del ácido más fiel,
del alma más profunda y verdadera,
del alimento más entusiasmado,
del hígado y del llanto,
viene el oleaje tenso de la muerte,
el frío sudor de la esperanza,
y viene Dios riendo.

Caminan los libros a la hoguera.
Se levanta el telón: aparece el mar.

(Yo no soy el autor del mar.)

III

Siete caídas sufrió el elote de mi mano
antes de que mi hambre lo encontrara,
siete veces mil veces he muerto
y estoy risueño como en el primer día.
Nadie dirá: no supo de la vida
más que los bueyes, ni menos que las golondrinas.
Yo siempre he sido el hombre, amigo fiel del perro,
hijo de Dios desmemoriado,
hermano del viento.
¡A la chingada las lágrimas!, dije,
y me puse a llorar
como se ponen a parir.
Estoy descalzo, me gusta pisar el agua y las piedras,
las mujeres, el tiempo,
me gusta pisar la yerba que crecerá sobre mi tumba
(si es que tengo una tumba algún día).
Me gusta mi rosal de cera
en el jardín que la noche visita.
Me gustan mis abuelos de totomoste
y me gustan mis zapatos vacíos
esperándome como el día de mañana.
¡A la chingada la muerte!, dije,
sombra de mi sueño,
perversión de los ángeles,
y me entregué a morir
como una piedra al río,
como un disparo al vuelo de los pájaros.

IV

Vamos a hablar del Príncipe Cáncer,
Señor de los Pulmones, Varón de la Próstata,

que se divierte arrojando dardos
a los ovarios tersos, a las vaginas mustias,
a las ingles multitudinarias.

Mi padre tiene el ganglio más hermoso del cáncer
en la raíz del cuello, sobre la subclavia,
tubérculo del bueno de Dios,
ampolleta de la buena muerte,
y yo mando a la chingada a todos los soles del mundo.
El Señor Cáncer, El Señor Pendejo,
es sólo un instrumento en las manos obscuras
de los dulces personajes que hacen la vida.

En las cuatro gavetas del archivero de madera
guardo los nombres queridos,
la ropa de los fantasmas familiares,
las palabras que rondan
y mis pieles sucesivas.

También están los rostros de algunas mujeres,
los ojos amados y solos
y el beso casto del coito.
Y de las gavetas salen mis hijos.
¡Bien haya la sombra del árbol
llegando a la tierra,
porque es la luz que llega!

V

De las nueve de la noche en adelante
viendo la televisión y conversando
estoy esperando la muerte de mi padre.
Desde hace tres meses, esperando.
En el trabajo y en la borrachera,
en la cama sin nadie y en el cuarto de niños,
en su dolor tan lleno y derramado,
su no dormir, su queja y su protesta,
en el tanque de oxígeno y las muelas
del día que amanece, buscando la esperanza.

230

Mirando su cadáver en los huesos
que es ahora mi padre,
e introduciendo agujas en las escasas venas,
tratando de meterle la vida, de soplarle
   en la boca el aire. . .

(Me avergüenzo de mí hasta los pelos
por tratar de escribir estas cosas.
¡Maldito el que crea que esto es un poema!)

Quiero decir que no soy enfermero,
padrote de la muerte,
orador de panteones, alcahuete,
pinche de Dios, sacerdote de las penas.
Quiero decir que a mí me sobra el aire. . .

VI

Te enterramos ayer.
Ayer te enterramos.
Te echamos tierra ayer.
Quedaste en la tierra ayer.
Estás rodeado de tierra
desde ayer.
Arriba y abajo y a los lados
por tus pies y por tu cabeza
está la tierra desde ayer.
Te metimos en la tierra,
te tapamos con tierra ayer.
Perteneces a la tierra
desde ayer.
Ayer te enterramos
en la tierra, ayer.

VII

Madre generosa
de todos los muertos,
madre tierra, madre,

vagina del frío,
brazos de intemperie,
regazo del viento,
nido de la noche,
madre de la muerte,
recógelo, abrígalo,
desnúdalo, tómalo,
guárdalo, acábalo.

VIII

No podrás morir.
Debajo de la tierra
no podrás morir.
Sin agua y sin aire
no podrás morir.
Sin azúcar, sin leche,
sin frijoles, sin carne,
sin harina, sin higos,
no podrás morir.

Sin mujer y sin hijos
no podrás morir.
Debajo de la vida
no podrás morir.
En tu tanque de tierra
no podrás morir.
En tu caja de muerto
no podrás morir.

En tus venas sin sangre
no podrás morir.

En tu pecho vacío
no podrás morir.
En tu boca sin fuego
no podrás morir.
En tus ojos sin nadie
no podrás morir.

En tu carne sin llanto
no podrás morir.
No podrás morir.
No podrás morir.
No podrás morir.

Enterramos tu traje,
tus zapatos, el cáncer;
no podrás morir.
Tu silencio enterramos.
Tu cuerpo con candados.
Tus canas finas,
tu dolor clausurado.
No podrás morir.

IX

Te fuiste no sé a dónde.
Te espera tu cuarto.
Mi mamá, Juan y Jorge
te estamos esperando.
Nos han dado abrazos
de condolencia, y recibimos
cartas, telegramas, noticias
de que te enterramos,
pero tu nieta más pequeña
te busca en el cuarto,
y todos, sin decirlo,
te estamos esperando.

X

Es un mal sueño largo,
una tonta película de espanto,
un túnel que no acaba
lleno de piedras y de charcos.
¡Qué tiempo éste, maldito,
que revuelve las horas y los años,
el sueño y la conciencia,

el ojo abierto y el morir despacio!

XI

Recién parido en el lecho de la muerte,
criatura de la paz, inmóvil, tierno,
recién niño del sol de rostro negro,
arrullado en la cuna del silencio,
mamando obscuridad, boca vacía,
ojo apagado, corazón desierto.

Pulmón sin aire, niño mío, viejo,
cielo enterrado y manantial aéreo
voy a volverme un llanto subterráneo
para echarte mis ojos en tu pecho.

XII

Morir es retirarse, hacerse a un lado,
ocultarse un momento, estarse quieto,
pasar el aire de una orilla a nado
y estar en todas partes en secreto.

Morir es olvidar, ser olvidado,
refugiarse desnudo en el discreto
calor de Dios, y en su cerrado
puño, crecer igual que un feto.

Morir es encenderse bocabajo
hacia el humo y el hueso y la caliza
y hacerse tierra y tierra con trabajo.

Apagarse es morir, lento y aprisa,
tomar la eternidad como a destajo
y repartir el alma en la ceniza.

XIII

Padre mío, señor mío, hermano mío,

amigo de mi alma, tierno y fuerte,
saca tu cuerpo viejo, viejo mío,
saca tu cuerpo de la muerte.

Saca tu corazón igual que un río,
tu frente limpia en que aprendí a quererte,
tu brazo como un árbol en el frío
saca todo tu cuerpo de la muerte.

Amo tus canas, tu mentón austero,
tu boca firme y tu mirada abierta,
tu pecho vasto y sólido y certero.

Estoy llamando, tirándote la puerta.
Parece que yo soy el que me muero:
¡padre mío, despierta!

XIV

No se ha roto ese vaso en que bebiste,
ni la taza, ni el tubo, ni tu plato.
Ni se quemó la cama en que moriste,
ni sacrificamos un gato.

Te sobrevive todo. Todo existe
a pesar de tu muerte y de mi flato.
Parece que la vida nos embiste
igual que el cáncer sobre tu homoplato.

Te enterramos, te lloramos, te morimos,
te estás bien muerto y bien jodido y yermo
mientras pensamos en lo que no hicimos

y queremos tenerte aunque sea enfermo.
Nada de lo que fuiste, fuiste y fuimos
a no ser habitantes de tu infierno.

XV

Papá por treinta o por cuarenta años,
amigo de mi vida todo el tiempo,
protector de mi miedo, brazo mío,
palabra clara, corazón resuelto,

te has muerto cuando menos falta hacías,
cuando más falta me haces, padre, abuelo,
hijo y hermano mío, esponja de mi sangre,
pañuelo de mis ojos, almohada de mi sueño.

Te has muerto y me has matado un poco.
Porque no estás, ya no estaremos nunca
completos, en un sitio, de algún modo.

Algo le falta al mundo, y tú te has puesto
a empobrecerlo más, y a hacer a solas
tus gentes tristes y tu Dios contento.

XVI

(Noviembre 27)

¿Será posible que abras los ojos y nos veas
ahora?
¿Podrás oírnos?
¿Podrás sacar tus manos un momento?

Estamos a tu lado. Es nuestra fiesta,
tu cumpleaños, viejo.
Tu mujer y tus hijos, tus nueras y tus nietos
venimos a abrazarte, todos, viejo.
¡Tienes que estar oyendo!
No vayas a llorar como nosotros
porque tu muerte no es sino un pretexto
para llorar por todos,
por los que están viviendo.
Una pared caída nos separa,

sólo el cuerpo de Dios, sólo su cuerpo.

XVII

Me acostumbré a guardarte, a llevarte lo mismo
que lleva uno su brazo, su cuerpo, su cabeza.
No eras distinto a mí, ni eras lo mismo.
Eras, cuando estoy triste, mi tristeza.

Eras, cuando caía, eras mi abismo,
cuando me levantaba, mi fortaleza.
Eras brisa y sudor y cataclismo,
y eras el pan caliente sobre la mesa.

Amputado de ti, a medias hecho
hombre o sombra de ti, sólo tu hijo,
desmantelada el alma, abierto el pecho,

ofrezco a tu dolor un crucifijo:
te doy un palo, una piedra, un helecho,
mis hijos y mis días, y me aflijo.

SEGUNDA PARTE

I

Mientras los niños crecen, tú, con todos los muertos,
poco a poco te acabas.
Yo te he ido mirando a través de las noches
por encima del mármol, en tu pequeña casa.
Un día ya sin ojos, sin nariz, sin orejas,
otro día sin garganta,
la piel sobre tu frente agrietándose, hundiéndose,
tronchando obscuramente el trigal de tus canas.
Todo tú sumergido en humedad y gases
haciendo tus deshechos, tu desorden, tu alma,
cada vez más igual tu carne que tu traje,
más madera tus huesos y más huesos las tablas.
Tierra mojada donde había tu boca,
aire podrido, luz aniquilada,
el silencio tendido a todo tu tamaño
germinando burbujas bajo las hojas de agua.
(Flores dominicales a dos metros arriba
te quieren pasar besos y no te pasan nada.)

II

Mientras los niños crecen y las horas nos hablan
tú, subterráneamente, lentamente, te apagas.
Lumbre enterrada y sola, pabilo de la sombra,
veta de horror para el que te escarba.

¡Es tan fácil decirte "padre mío"
y es tan difícil encontrarte, larva
de Dios, semilla de esperanza!

Quiero llorar a veces, y no quiero
llorar porque me pasas
como un derrumbe, porque pasas
como un viento tremendo, como un escalofrío

debajo de las sábanas,
como un gusano lento a lo largo del alma.

¡Si sólo se pudiera decir: "papá, cebolla,
polvo, cansancio, nada, nada, nada"!
¡Si con un trago te tragara!
¡Si con este dolor te apuñalara!
¡Si con este desvelo de memorias
–herida abierta, vómito de sangre–
te agarrara la cara!

Yo sé que tú ni yo,
ni un par de balbas,
ni un becerro de cobre, ni unas alas
sosteniendo la muerte, ni la espuma
en que naufraga el mar, ni –no– las playas,
la arena, la sumisa piedra con viento y agua,
ni el árbol que es abuelo de su sombra,
ni nuestro sol, hijastro de sus ramas,
ni la fruta madura, incandescente,
ni la raíz de perlas y de escamas,
ni tu tío, ni tu chozno, ni tu hipo,
ni mi locura, y ni tus espaldas,
sabrán del tiempo obscuro que nos corre
desde las venas tibias a las canas.

(Tiempo vacío, ampolla de vinagre,
caracol recordando la resaca.)

He aquí que todo viene, todo pasa,
todo, todo se acaba.
¿Pero tú? ¿pero yo? ¿pero nosotros?
¿para qué levantamos la palabra?
¿de qué sirvió el amor?
¿cuál era la muralla
que detenía la muerte? ¿dónde estaba
el niño negro de tu guarda?

Ángeles degollados puse al pie de tu caja,

y te eché encima tierra, piedras, lágrimas,
para que ya no salgas, para que no salgas.

III

Sigue el mundo su paso, rueda el tiempo
y van y vienen máscaras.
Amanece el dolor un día tras otro,
nos rodeamos de amigos y fantasmas,
parece a veces que un alambre estira
la sangre, que una flor estalla,
que el corazón da frutas, y el cansancio
canta.

Embrocados, bebiendo en la mujer y el trago,
apostando a crecer como las plantas,
fijos, inmóviles, girando
en la invisible llama.
Y mientras tú, el fuerte, el generoso,
el limpio de mentiras y de infamias,
guerrero de la paz, juez de victorias
—cedro del Líbano, robledal de Chiapas—
te ocultas en la tierra, te remontas
a tu raíz obscura y desolada.

IV

Un año o dos o tres,
te da lo mismo.
¿Cuál reloj en la muerte?, ¿qué campana
incesante, silenciosa, llama y llama?
¿qué subterránea voz no pronunciada?
¿qué grito hundido, hundiéndose, infinito
de los dientes atrás, en la garganta
aérea, flotante, pare escamas?

¿Para esto vivir? ¿para sentir prestados
los brazos y las piernas y la cara,
arrendados al hoyo, entretenidos

los jugos en la cáscara?
¿para exprimir los ojos noche a noche
en el temblor obscuro de la cama,
remolino de quietas transparencias,
descendimiento de la náusea?

¿Para esto morir?
¿para inventar el alma,
el vestido de Dios, la eternidad, el agua
del aguacero de la muerte, la esperanza?
¿morir para pescar?
¿para atrapar con su red a la araña?

Estás sobre la playa de algodones
y tu marea de sombras sube y baja.

V

Mi madre sola, en su vejez hundida,
sin dolor y sin lástima,
herida de tu muerte y de tu vida.

Esto dejaste. Su pasión enhiesta,
su celo firme, su labor sombría.
Árbol frutal a un paso de la leña,
su curvo sueño que te resucita.
Esto dejaste. Esto dejaste y no querías.

Pasó el viento. Quedaron de la casa
el pozo abierto y la raíz en ruinas.
Y es en vano llorar. Y si golpeas
las paredes de Dios, y si te arrancas
el pelo o la camisa,
nadie te oye jamás, nadie te mira.
No vuelve nadie, nada. No retorna
el polvo de oro de la vida.

MALTIEMPO

(1972)

A Juan Camacho

I. DOÑA LUZ

I

ACABO de desenterrar a mi madre, muerta hace tiempo. Y lo que desenterré fue una caja de rosas: frescas, fragantes, como si hubiesen estado en un invernadero.

¡Qué raro es todo esto!

II

Es muy raro también que yo tuviese una madre. A veces pienso que la soñé demasiado, la soñé tanto que la hice. Casi todas las madres son criaturas de nuestros sueños.

III

En la fotografía conserva para siempre el mismo rostro. Las fotografías son injustas, terriblemente limitadas, esclavas de un instante perpetuamente quieto. Una fotografía es como una estatua: copia del engaño, consuelo del tiempo.

Cada vez que veo la fotografía me digo: no es ella. Ella es mucho más.

Así, todas las cosas me la recuerdan para decirme que ella es muchas cosas más.

IV

Creo que estuvo en la tierra algunos años. Creo que yo también estuve en la tierra. ¿Cuál es esa frontera?, ¿qué es lo que ahora nos separa? ¿nos separa realmente?

A veces creo escucharla: tú eres el fantasma, tú la sombra. Sueña que vives, hijo, porque es hermoso el sueño de la vida.

V

En un principio, con el rencor de su agonía, no podía

dormir. Tercas, dolorosas imágenes repetían su muerte noche a noche. Eran mis ojos sucios, lastimados de verla; el tiempo del sobresalto y de la angustia. ¡Qué infinitas caídas agarrado a la almohada, la oscuridad girando, la boca seca, el espanto!

Pero una vez, amaneciendo, la luz indecisa en las ventanas, pasó su mano sobre mi rostro, cerró mis ojos. ¡Qué confortablemente ciego estoy de ella! ¡Qué bien me alcanza su ternura! ¡Qué grande ha de ser su amor que me da su olvido!

VI

Fue sepultada en la misma fosa de mi padre. Sus cuerpos reposarán juntos hasta confundirse, hasta que el tiempo diga ¡basta!

(¡Qué nostalgia incisiva, a veces, como ésta!)

¿En dónde seré enterrado yo? Me gustaría cuidar mis funerales: nadie llorando, los encargados del oficio, gente decente. De una vez solo hasta un lugar lejano, sin malas compañías. O incinerado, estupendo. Cualquier río, laguna, charco, alcantarilla: todo lugar sagrado.

No me acostumbro a vivir.

VII

De repente, qué pocas palabras quedan: amor y muerte.

Pájaros quemados aletean en las entrañas de uno.

Dame un golpe, despiértame.

Dios mío, ¿qué Dios tienes tú? ¿quién es tu Dios padre, tu Dios abuelo? ¡Qué desamparado ha de estar el Dios primero, el último!

Sólo la muerte se basta a sí misma. Se alimenta de sus propios excrementos. Tiene los ojos encontrados, mirándose entre sí perpetuamente.

¡Y el amor! El amor es el aprendizaje de la muerte.

VIII

Si tú me lo permites, doña Luz, te llevo a mi espalda, te paseo en hombros para volver a ver el mundo.

Quiero seguir dándote el beso en la frente, en la mañana y en la noche y al mediodía. No quiero verte agonizar, sino reír o enojarte o estar leyendo seriamente. Quiero que te apasiones de nuevo por la justicia, que hables mal de los gringos, que defiendas a Cuba y a Vietnam. Que me digas lo que pasa en Chiapas y en el rincón más apartado del mundo. Que te intereses en la vida y seas generosa, enérgica, espléndida y frutal.

Quiero pasear contigo, pasearte en la rueda de la fortuna de la semana y comer las uvas que tu corazón agitaba a cada paso.

Tú eres un racimo, madre, un ramo, una fronda, un bosque, un campo sembrado, un río. Toda igual a tu nombre, doña Luz, Lucero, Lucha, manos llenas de arroz, viejecita sin años, envejecida sólo para parecerte a los vinos.

IX

¡Con qué gusto veías los nuevos utensilios de cocina, una sartén, una olla reluciente, un mondador facilísimo! Sabías para qué sirven las cosas y extraías de ellas el máximo provecho. Nunca dejaste de estar asombrada ante la radio, la televisión, los progresos del hombre: asombrada, interesada, despierta.

Y algo en ti, sin embargo, era antiquísimo, elemental, permanente. Por eso podías, con el Viejo, remontar un río en canoa, construir una cerca, levantar una pared, cuidar un gallinero, dar de comer, dar sombra, dar amor.

Aún en los años de la derrota –vejez, viudez y soledad juntas– seguiste levantándote temprano, hacías café para todos, un desayuno abundante y rico; esperabas tus hijos, tus nietos, lo que te quedaba.

Te lo agradezco, madre: hay que seguir levantándose temprano para esperar diariamente la vida.

X

Quiero hacerte un poema, darte unas flores, un plato de comida que te guste, alguna fruta, un buen trago; llevarte tus nietos, comunicarte una noticia estupenda.

De la ventana de tu casa me he regresado porque tu casa está vacía inexplicablemente.

¿Qué le pasa al mundo?

Me he puesto a trabajar como un burro tratando de ocuparme, de traerme al mundo, de estar con las cosas. Lo he logrado. ¡Pero hay un instante de lucidez, un solo instante!

"Si vuelves atrás la mirada quedarás hecho una estatua de sal." Y yo soy, apenas, un hombre de piedra que quiere ver hacia adelante.

XI

Dame la mano, o cógete del brazo, de mi brazo. Entra al coche. Te llevaré a dar el último paseo por el bosque.

Querías vivir, lo supe. Insistías en que todo era hermoso, pero tu sangre caía como un muro vencido. Tus ojos se apagaban detrás de ti misma. Cuando dijiste "volvamos" ya estabas muerta.

¡Qué dignidad, qué herencia! Nos prohíbes las lágrimas ahora. No nos queda otro remedio que ser hombres.

XII

Debe de ser algo distinto. Tu alma: unos puntos de luz reunidos en el aire, una luz tibia y flotante. Algo que se aposenta en el corazón como un pájaro.

Yo la he visto sin verla, la he tocado con otras manos diferentes a éstas. Hemos hablado de algún modo que todavía no entiendo, y me ha dejado triste.

Me ha dejado triste, tirado todo el día sobre mis sueños.

XIII

Decías que una mariposa negra es el alma de un muerto. Y hace muchos días que esta mariposa no sale de la casa. Hoy temprano la he visto sobre el cristal de la ventana, aleteando oscuramente, y dije: ¡Quién sabe! ¿Por qué no habías de ser una mariposa rociando mi casa con el callado polen de sus alas?

XIV

Tú conoces la casa, el pequeño jardín: paredes altas, estrechas, y allí arriba el cielo. La noche permanece todavía sobre la tierra y hay una claridad amenazante, diáfana, encima. La luz penetra a los árboles dormidos (hay que ver la isla de los árboles dormidos en la ciudad dormida y quieta). Se imaginan los sueños, se aprende todo. Todo está quieto, quieto el río, quieto el corazón de los hombres. Los hombres sueñan.

Amanece sobre la tierra, entre los árboles, una luz silenciosa, profunda.

Me amaneces, dentro del corazón, calladamente.

XV

Estoy cansado, profundamente cansado hasta los huesos. No tengo nada más que el reloj al que doy cuerda todos los días como me doy cuerda a mí.

Este desierto no es árido ni tremendo. En él hay gente, árboles, edificios, automóviles, trenes, banderas y jardines. ¡Y qué desolación! ¿Qué estamos haciendo tú y el Viejo y yo? Caminar sobre la tierra o subterráneamente hacia el sol, hacia la boca del fuego redondo, hacia el hoyo que se abre en el cielo entre las constelaciones.

El espasmo del día, el corazón detenido de la noche, todo es igual, ay, todo es la muerte, la gran serpiente ciega arrastrándose interminablemente.

XVI

"Cuando reviva mi abuelita, voy a acusar a Julio con
ella", me dio a entender la Pipi hoy en su media lengua.
"¿Veldá, papá?"
—Sí, hijita. Cuando reviva tu abuelita le va a dar unas
nalgadas a Julio para que no te moleste.
Y me quedé pensando que todavía no es posible. Son
los meses del frío. Habrá que esperar la primavera para
que nazcas de la amorosa tierra, bajo los árboles lumino-
sos, en el aire limpio.

XVII

Lloverás en el tiempo de lluvia,
harás calor en el verano,
harás frío en el atardecer.
Volverás a morir otras mil veces.

Florecerás cuando todo florezca.
No eres nada, nadie, madre.

De nosotros quedará la misma huella,
la semilla del viento en el agua,
el esqueleto de las hojas en la tierra.
Sobre las rocas, el tatuaje de las sombras,
en el corazón de los árboles la palabra amor.

No somos nada, nadie, madre.
Es inútil vivir
pero es más inútil morir.

XVIII

Sobre tu tumba,
madre, padre,
todo está quieto.

Mapá, te digo,

revancha de los huesos,
oscuro florecimiento,
encima tuyo, ahora,
todo está quieto.

Una piedra, unas flores,
el sol, la noche, el viento,
(¿el viento?)
mi corazón, el mundo,
todo está quieto.

XIX

Niña muerte, descansa
en nuestros brazos quietos.

En la sombra, descansa
junto a nuestro cuerpo.
Cómete mis ojos
para mirar adentro,
acaba mis labios,
mi boca, el silencio,
bébete mi alma,
bébete mi pecho,
niña muerte, mía,
que yo te mantengo.

La tierra está negra,
mi dolor es negro.
Vacía está mi caja,
vacío está mi cuerpo.

Niña muerte, gota
de rocío en mi pelo.

XX

Vienen la Noche Buena
y el Año Nuevo.

¿Quién soy yo que me escape
ahora de ser bueno?

Hermano mío, te saco
el puñal de la espalda,
y tú, que me has robado,
déjame entrar a casa.

Vienen la noche mala
y el año viejo,
¡y qué cansado estás,
qué desnudo me siento!

XXI

La casa me protege del frío nocturno, del sol del mediodía, de los árboles derribados, del viento de los huraca-
nes, de las asechanzas del rayo, de los ríos desbordados,
de los hombres y de las fieras.

Pero la casa no me protege de la muerte. ¿Por qué
rendija se cuela el aire de la muerte? ¿Qué hongo de las
paredes, qué sustancia ascendente del corazón de la tierra es la muerte?

¿Quién me untó la muerte en la planta de los pies el día
de mi nacimiento?

XXII

¿Es que el Viejo está muerto y tú apenas recién morida?
(¿Recién parida? ¿palpitante en el seno de la muerte?
¿aprendiendo a no ser? ¿deslatiendo? ¿Cómo decir del
que empieza a contar al revés una cuenta infinita?)

¿Es que hay flores frescas y flores marchitas en el rosal
oscuro de la muerte?

¿Por qué me aflijo por ti, como si el Viejo ya fuese un
experto en estas cuestiones y tú apenas una aprendiz?

¿Es que han de pasar los años para que los muertos
saquen de su corazón a los intrusos? ¿Cuándo me arroja-
rás, tú también, de tu tumba?

XXIII

El cráneo de mi padre ha de ser pequeño y fino. Sin dientes: se los quitaron hace tiempo. Las cuencas de los ojos no muy grandes. La frente tersa, sin daño, ascendiendo graciosamente; la herradura del maxilar sólida, maciza.

Si pudiera ponerle unos ojos al destino, le pondría los suyos, de una vez que me dijo: somos polvo.

Somos huesos un tiempo. Harina de la piedra que ha de quedarse inmóvil.

Siento que no podré morirme hasta no tener en mis manos un momento el cráneo de mi padre. Es como una cita que tenemos: lo más amado de nosotros dos.

XXIV

Todo esto es un cuento, lo sabemos. He querido hacer un poema con tu muerte y he aquí que tengo la cabeza rota, las manos vacías. No hay poesía en la muerte. En la muerte no hay nada.

Tú me das el poema cuando te sientas a mi lado, cuando hablamos. ¡En sueños! ¿No serán los sueños sólo la parte subterránea de este río que amanece cargado de esencias? ¿No serán el momento de conocer para siempre el corazón oculto de la tierra?

¿Quién canta? El que lloró hace rato. ¿Quién va a vivir ahora? Los que estábamos muertos.

El paralítico se levanta todos los días a andar, mientras el ciego atesora la luz para siempre.

Por eso el hambriento tiene el pan, y al amoroso no lo sacia la vida.

II. JUGUETERÍA Y CANCIONES

BUENOS DÍAS, memoria terca,
buenos días, sangre seca,
buenos días, hueso acostado,
buenos días, aire sin mano.

(Pensar es hacer burbujas
con el corazón ahogándose.)

Buenos días, amapola,
buenos, señor oceánico,
buenos, piedra, buenos días
(¿por qué me han de dar de palos?),
tengo unas manos espléndidas
y me sobra mi tamaño.

Buenos días, doña sombra,
don árbol seco y parado,
buenos días, llano grande,
aquí, cajita del rayo,
pareces, nube, una nube
(¿quién es un barril sin aros?),
buenos días, papaoscuro,
buenos, señor cercano.

*

MI CORAZÓN nocturno se levanta
el sábado temprano
(tomar café, lavarse,
empezar el cigarro).
Hay ciertas cosas que he de hacer
según está dictado,
todo eso que se llama
el placer y el trabajo.
Escucho al barrendero allí en la calle
jalar vidrios y sueños y muchachos.
Llega el día friolento

sobre el lomo de un gato.
Y se avecina el trueno,
el cuchillo, el relámpago,
horas amotinadas,
motores a caballo,
gases subiendo
muertos escarpados,
neblinas escondidas
en algunos cuartos.
Todo es puntual y cierto
el lunes, digo el sábado.

*

CARRETÓN de la basura:
Llévame temprano,
no muy tarde, no nunca.

*

LAS HORMIGAS se agarran de las manos y de las patas y
hacen un círculo en torno del escarabajo muerto.

Las lechugas —con las hojas perforadas como tarjetas
de IBM— ofrecen sus jugos al paladar ambicioso.

En la reunión de los poetas y las autoridades estuvo
presente la generosa comprensión de la miseria humana,
el mutuo perdón de la necesidad y de la tontería.

No quería levantarse porque eran las cuatro de la madrugada, pero podía dedicar el insomnio a iluminar las
cavernas adjuntas y a trazar en ellas los signos rupestres
de la impotencia cotidiana.

Los caracoles estaban exquisitos. Ahora danzan silenciosamente en las secreciones biliares y continúan, sere-
nos y confiados, por el camino de la resurrección.

HAY DOS clases de poetas modernos: aquellos, sutiles y profundos, que adivinan la esencia de las cosas y escriben:

"Lucero, luz cero, luz Eros, la garganta de la luz pare colores coleros", etcétera, y aquellos que se tropiezan con una piedra y dicen "pinche piedra".

Los primeros son los más afortunados. Siempre encuentran un crítico inteligente que escribe un tratado "Sobre las relaciones ocultas entre el objeto y la palabra y las posibilidades existenciales de la metáfora no formulada." —De ellos es el Olimpo, que en estos días se llama simplemente el Club de la Fama.

(Querido Rubén:
Como nunca escribo artículos periodísticos y éste me salió sin quererlo, te lo envío para que tú lo firmes:
Salazar Mallén)

*

AQUEL MUCHACHO tenía, de verdad, el sano propósito de acercarse a Dios. La enmienda fijaba las condiciones de cambiar de piel y de alma, de borrar el pasado licencioso, la injuria, la rebeldía estéril, la incomprensión adolescente. Iba a quemar sus libros, la obra de su vida, en un acto de contrición. Era preciso ser humilde, seguir el buen camino, tocar a las puertas de la divinidad.

Organizó un coctel, invitó a mucha gente, agasajó con bocadillos y bebidas, y todo fue un éxito. Salió en las principales páginas de Sociales y su actitud quedó como un ejemplo para todos aquellos que se arrepienten de verdad y se convierten, iluminados de pronto y para siempre, a la fe de la vida sencilla, discretos y apartados de los ruidos del mundo.

NO ESCUCHÉ los pasos del gato sobre la alfombra, ni su maullido de hambre —casi palabra humana—, ni su rononeo de satisfacción.

Algo como el espíritu del gato se enredó entre mis pies y los llevó hacia debajo de la escalera. Allí estaban unas muñecas abandonadas, una macetera de plástico y las esferas del árbol de navidad en una caja. No había huellas de lucha, ningún rastro de sangre, ningún indicio.

¿Por qué sospecho que mi gato ha sido asesinado? Porque siempre a estas horas, cuando amanece, o baja de las azoteas vecinas, trasijado y maltrecho, o me saluda desde el sillón en que ha evitado el frío y el amor. Las noches son todas paralelas, y esta última, sin embargo, es ominosa y falsa: mi sueño interrumpido constantemente, las casi pesadillas de la vigilia, esa atmósfera ruin y silenciosa con olores extraños y bajas sombras.

Todo ha sido en vano. Lo he buscado y llamado inútilmente. Si no encuentro su cadáver, éste va a ser el crimen perfecto.

*

PARA HACER funcionar a las estrellas es necesario apretar el botón azul.

Las rosas están insoportables en el florero.

¿Por qué me levanto a las tres de la mañana mientras todos duermen? ¿Mi corazón sonámbulo se pone a andar sobre las azoteas detectando los crímenes, investigando el amor?

Tengo todas las páginas para escribir, tengo el silencio, la soledad, el amoroso insomnio; pero sólo hay temblores subterráneos, hojas de angustia que aplasta una serpiente en sombra. No hay nada que decir: es el presagio, sólo el presagio de nuestro nacimiento.

*

ME PREOCUPA el televisor. Da imágenes distorsionadas últimamente. Las caras se alargan de manera ridícula, o

se acortan, tiemblan indistintamente, hasta volverse un
juego monstruoso de rostros inventados, rayas, luces y
sombras como en una pesadilla. Se oyen las palabras
claramente, la música, los efectos de sonido, pero no
corresponden a la realidad, se atrasan, se anticipan, se
montan sobre los gestos que uno adivina.

Me dicen que un técnico lo arreglaría en dos o tres días,
pero yo me resisto. No quiero la violencia: le meterían las
manos, le quitarían las partes, le harían injertos ominosos, trasplantes arriesgados y no siempre efectivos. No
volvería a ser el mismo.

Ojalá que supere esta crisis. Porque lo que tiene es una
fiebre tremenda, un dolor de cabeza, una náusea horrible,
que lo hacen soñar estas cosas que vemos.

*

SOBRE el aslfalto se mece el trigo de la madrugada. Pájaros prematuros cantan picando las paredes y los ventanales. El aire fresco se desliza, por fin, libre del campo.

El barrendero silvestre, en punto de las seis, pasa su
escoba, anunciando los maleficios del día, las asechanzas
del sol sobre la ciudad inerte. Todo ha acabado. La luz,
enemiga de la magia, atraviesa los párpados, echa a andar
los relojes de la turbulencia.

*

LAS SIRENAS de los barcos que zarpan de la ciudad al
mar, se escuchan por entre la neblina al amanecer.

Estos días son largos. Junio tiene coraje de la noche.
Se despiertan las lluvias, tira su piel el aire, crece tranquilo.

Las paredes sustentan a los árboles.

Camina solitario, sobre calles baldías, el amor.

*

DESPUÉS DE recorrer los bajos fondos del día, las semanas, los meses, el estupor, la angustia, los perros civilizados, las telarañas que hay entre los edificios —arenas movedizas, disminuya la velocidad frente a burdeles, no toque el claxon en zonas de escándalo—, he llegado, por fin, a la indiferencia, al bendito surmenage que pide cama y cloroformo, pastillas de largo alcance, cucharaditas de agua delgada. . . Extracciones de muelas, composición del esqueleto, disturbios en el colon ascendente, arreglos definitivos a la inmortalidad. El alma descansa, macerada, infinita, trasciende a Dios —poseído después de su rebeldía inútil, de su terca fuga, de su insistente silencio.

Es el comienzo del principio, el alba del primer día, el resplandor de la anunciación. Ahora tenemos fuerzas suficientes para emborracharnos de nuevo, para investigar otra vez en nuestro desahucio, para colgarnos de los alambres tensos de la noche inalámbrica que comunica incesantemente al espacio exterior noticias de la locura de este mundo extraño.

TLATELOLCO 68

1

NADIE SABE el número exacto de los muertos,
ni siquiera los asesinos,
ni siquiera el criminal.
(Ciertamente, ya llegó a la historia
este hombre pequeño por todas partes,
incapaz de todo menos del rencor.)

Tlatelolco será mencionado en los años que vienen
como hoy hablamos de Río Blanco y Cananea,
pero esto fue peor,
aquí han matado al pueblo:
no eran obreros parapetados en la huelga,
eran mujeres y niños, estudiantes,
jovencitos de quince años,
una muchacha que iba al cine,
una criatura en el vientre de su madre,
todos barridos, certeramente acribillados
por la metralla del Orden y la Justicia Social.

A los tres días, el ejército era la víctima de los
    desalmados,
y el pueblo se aprestaba jubiloso
a celebrar las Olimpiadas, que darían gloria a México.

2

El crimen está allí,
cubierto de hojas de periódicos,
con televisores, con radios, con banderas olímpicas.

El aire denso, inmóvil,
el terror, la ignominia.
Alrededor las voces, el tránsito, la vida.
Y el crimen está allí.

3

Habría que lavar no sólo el piso: la memoria.
Habría que quitarles los ojos a los que vimos,
asesinar también a los deudos,
que nadie llore, que no haya más testigos.
Pero la sangre echa raíces
y crece como un árbol en el tiempo.
La sangre en el cemento, en las paredes,
en una enredadera: nos salpica,
nos moja de vergüenza, de vergüenza, de vergüenza.

Las bocas de los muertos nos escupen
una perpetua sangre quieta.

4

Confiaremos en la mala memoria de la gente,
ordenaremos los restos,
perdonaremos a los sobrevivientes,
daremos libertad a los encarcelados,
seremos generosos, magnánimos y prudentes.

Nos han metido las ideas exóticas como una lavativa,
pero instauramos la paz,
consolidamos las instituciones;
los comerciantes están con nosotros,
los banqueros, los políticos auténticamente mexicanos,
los colegios particulares,
las personas respetables.
Hemos destruido la conjura,
aumentamos nuestro poder:
ya no nos caeremos de la cama
porque tendremos dulces sueños.

Tenemos Secretarios de Estado capaces
de transformar la mierda en esencias aromáticas,
diputados y senadores alquimistas,
líderes inefables, chulísimos,

un tropel de putos espirituales
enarbolando nuestra bandera gallardamente.

Aquí no ha pasado nada.
Comienza nuestro reino.

5

En las planchas de la Delegación están los cadáveres.
Semidesnudos, fríos, agujereados,
algunos con el rostro de un muerto.
Afuera, la gente se amontona, se impacienta,
espera no encontrar el suyo:
"Vaya usted a buscar a otra parte."

6

La juventud es el tema
dentro de la Revolución.
El Gobierno apadrina a los héroes.
El peso mexicano está firme
y el desarrollo del país es ascendente.
Siguen las tiras cómicas y los bandidos en la televisión.
Hemos demostrado al mundo que somos capaces,
respetuosos, hospitalarios, sensibles
(¡Qué Olimpiada maravillosa!),
y ahora vamos a seguir con el "Metro"
porque el progreso no puede detenerse.

Las mujeres, de rosa,
los hombres, de azul cielo,
desfilan los mexicanos en la unidad gloriosa
que construye la patria de nuestros sueños.

LAS MONTAÑAS

EN LA FINCA de Orencio López, llamada El Carmen,
municipio de Ixhuatán, Chiapas, conocí las montañas.

Las montañas existen. Son una masa de árboles y de
   agua,
de una luz que se toca con los dedos,
y de algo más que todavía no existe.

Penetradas del aire más solemne,
nada como ellas para ser la tierra,
siglos de amor ensimismado, absorto
en la creación y muerte de sus hojas.

A punto de caer sobre los hombres,
milagro de equilibrio, permanecen
en su mismo lugar, caen hacia arriba,
dentro de sí, se abrazan, el cielo las sostiene,
les llega el día, la noche, los rumores,
pasan nubes, y ríos, y tormentas,
guardan sombras que crecen escondidas
entre bambúes líricos, dan el pecho
a limones increíbles, pastorean arbustos y zacates,
duermen de pie sobre su propio sueño
de madera, de leche, de humedades.

Aquí Dios se detuvo, se detiene,
se abstiene de sí mismo, se complace.

DIARIO OFICIAL

(MARZO DE 70)

Por decreto presidencial: el pueblo no existe.
El pueblo es útil para hablar en banquetes:
"Brindo por el pueblo de México",
"Brindo por el pueblo de Estados Unidos".

También sirve el pueblo para otros menesteres literarios:
escribir el cuento de la democracia,
publicar la revista de la revolución,
hacer la crónica de los grandes ideales.

El pueblo es una entidad pluscuamperfecta
generosamente abstracta e infinita.
Sirve también para que jóvenes idiotas
aumenten el área de los panteones
o embaracen las cárceles
o aprendan a ser ricos.

Lo mejor de todo lo ha dicho un señor Ministro:
"Con el pueblo me limpio el culo."
He aquí lo máximo que puede llegar a ser el pueblo:
un rollo de papel higiénico
para escribir la historia contemporánea con las uñas.

IV. COMO PÁJAROS PERDIDOS

I

LA CANCIÓN no es el canto. Al canto lo conocen los mudos.

II

¿Creíste que podías burlar a tu destino? El mar arroja a los ahogados prematuros y la muerte no abre sus puertas sino a la hora precisa.
Tu cadáver te ha de alcanzar, no tengas cuidado.

III

Tengo hambre. Es necesario que me ponga a ayunar.

IV

No te deseo nada para lo porvenir. Deseo que puedas hacerte un pasado feliz.

V

El amor es una memoria educada (o un olvido insistente).

VI

La mujer no es una serpiente ni es una flor. No tiene leche debajo de la lengua, ni miel, ni nada: tiene saliva. La mujer es, afortunadamente, todo lo que quieras darle.

VII

Te dicen descuidado porque ellos están acostumbrados a los jardines, no a la selva.

VIII

Empieza a caminar. Todo es cuestión de que empieces a caminar. Levántate. ¿Qué muro podrá detener al paralítico, qué abismo?

IX

En la tarde quieta las sombras de los árboles juegan a esconderse. En mi corazón juegan las penas, los sueños, los deseos.

X

Se tiró a bucear en lo profundo del lago y andaba a tientas entre las algas y los peces, mientras arriba el viento, cómplice del sol, se llevaba doradas monedas hacia el campo.

XI

¡Qué hermosa es la vida! ¡Cómo nos despoja todos los días, cómo nos arruina implacablemente, cómo nos enriquece sin cesar!

XII

El secreto de Dios:
                    Acercó sus labios a mi oído
y no me dijo nada.

XIII

Por el ojo de la llave no vas a ver nada en el cuarto a oscuras. ¡Tira la puerta!

XIV

El piquete de una mariposa es más peligroso, mucho más que el de una víbora.

XV

¿Cómo se escribe agua? Se debería escribir haguah, já-guaj. . . como el que tiene sed.

XVI

Estoy harto de los poetas y de las quinceañeras. Siempre están ensayando el vals de su presentación en sociedad.

XVII

El ratón se quejaba en su agujero: No me importa comer trigo, migas de pan o granos de maíz: lo que no soporto del mundo es esta opresión y esta oscuridad.

XVIII

El crimen perfecto sería un suicidio con apariencias de crimen. (Meterme un balazo por la espalda un día de éstos.)

XIX

Como ahora no hay maestros ni alumnos, el alumno preguntó a la pared: ¿qué es la sabiduría? Y la pared se hizo transparente.

XX

Me habló de la mariguana, de la heroína, de los hongos, de la llaguasa. Por medio de las drogas llegaba a Dios, se hacía perfecto, desaparecía.

Pero yo prefiero mis viejos alucinantes: la soledad, el amor, la muerte.

XXI

En el capullo de tu ausencia crece mi corazón, ¿larva de ti?

XXII

No me vuelvan a hablar de los hombres. Mi rencor es infinito: nada pude darles.

XXIII

Me gustaría ser "jet-set". Tener una fortuna de veinte mil millones de dólares, yates y palacios, aviones, servidumbres, no hacer nada. Ir de un lado a otro, comprar caballos y pinturas, poetas y jardines, baratijas, museos y danzantes y bahías. ¡Arder, arder, brillar con luz propia, ser uno mismo!

XXIV

El joven artista revolucionario quería, con toda el alma, asustar al burgués.

El joven artista revolucionario vive asustado para siempre por el burgués.

XXV

Con el calor han reventado las moscas. Hay un zumbido de pétalos negros, insistentes picaduras al aire, pieles enmelazadas, horas lentas y torpes en el mismo lugar. Las moscas dan calor, gotas quietas y negras de calor. Entre miles de patas revienta el calor.

XXVI

Se puso a desprender, una tras otra, las capas de la cebolla, y decía: ¡He de encontrar la verdadera cebolla, he de encontrarla!

XXVII

¡Qué hermosa es la página de papel en blanco! Es como una mujer desnuda esperándonos. Hay una invitación, una petición, una urgencia, una llamada del destino. Todo acto de amor es una escritura permanente.

XXVIII

Cuarenta días y cuarenta noches estuve en vela esperando.
 Hasta que resucitaste.

XXIX

Cada amanecer doy las gracias por haber sobrevivido a la noche.
 Cada anochecer doy las gracias por haber sobrevivido al día.
 (Debiera dar las gracias, es cierto, por sobrevivirme a mí mismo.)

XXX

Más que triste es sucia. La pobreza ensucia la casa, la cama, el cuerpo y el alma. Se ahoga con su vómito. Revive para agonizar.

XXXI

Debí haberte encontrado diez años antes o diez años después. Pero llegaste a tiempo.

XXXII

Me quité los zapatos para andar sobre las brasas.
Me quité la piel para estrecharte.
Me quité el cuerpo para amarte.
Me quité el alma para ser tú.

XXXIII

Derribé la pared más oculta de tu alma y fui a dar al patio de un alma vecina. Derribé otras paredes y siempre me encontré con que detrás de un alma hay otras, muchas almas. Por eso pienso que las almas no existen.

XXXIV

Hay una naturaleza muerta en las calles. El buen pintor de lo inanimado no pinta frutas sobre una mesa, pinta una bandera y una muchedumbre.

XXXV

La poesía bucólica actualmente sólo puede extraerse de los campos de Vietnam.

XXXVI

La policía irrumpió en la casa y atrapó a los participantes de aquella fiesta. Se los llevó a la cárcel por lujuriosos y perversos. Era natural. La policía no puede irrumpir en las calles y acabar con otros escándalos, como el de la miseria.

XXXVII

¿Cuál es la diferencia entre los dos o tres días de la mosca y los doscientos años de la tortuga?

XXXVIII

El infame despertador, estrellado sobre la pared, hecho pedazos, repiquetea todavía, brinca de un lado a otro, gozoso, perverso, vengativo.

V. COLLAGE

PRÓXIMO, en la noche, un poco al margen,
como tocando puertas en la sombra
(esto ha de ser la vida, ay, tan cercana),
caminando en oscuros corredores,
buscándome, buscando dónde estuve,
mi nombre, mis olores, algo mío.

No dije adiós a nadie, ni a mí mismo.
Nada dejé: ni un hueso para un perro.

Despedazando a Dios, trapos oscuros,
jalándolo a mi muerte, ven conmigo,
arrástrate, criatura, aquí a mi hoyo,
cae conmigo.

Y esto es caerse horizontalmente,
caer como al fondo de una calle.

SIEMPRE pensé que caminar a oscuras
era lo normal.
Por debajo de puentes, de trenes subterráneos,
de mazorcas de piedra suspendidas
a la entrada de todos los abismos:
por debajo de ríos congelados,
de ciudades hundidas en el lodo
de la avalancha de los días purísimos;
a un lado de las vías que acostumbran los muertos,
por debajo de los lechos nupciales
y de los jardines en la niebla.

Atravesar la oscuridad, la espesa sombra
alrededor del cuerpo, para llegar a uno;
adivinarse próximo, cercano,
como una puerta abierta hacia un patio vacío.

Pero la luz llega de pronto,
una doncella con los dedos largos,
y te hunde los ojos en la cara,
te los destripa para hacer el vino
que bebe, lenta, todas las mañanas.

*

CON PALABRAS precisas: el burlador burlado,
el cuerpo, el alma yace.
Está para sí mismo
hasta la tierra,
el polvo genital,
la matriz incesante.
¿Qué fue después de todo
ese mover los labios,
cambiarse de lugar,
crecer, amar, partir?
La sangre seca en los maderos rotos,
la mirada perdida,
el rostro evaporado.

Un nombre, una memoria frágil
jamás tendrá el calor de esta carne del mundo.

*

A VECES –no siempre, pero a veces–
alguien nos dicta, nos conduce
de un acto a otro,
somos un instrumento,
nada más un muñeco con hilos invisibles.
¿Quién es, o quiénes son,
o quiénes somos?

Caballo de la noria dando vueltas
igual ayer que ahora,
¡qué hermosa libertad la de tu surco!

Me transito, quiero decir, recorro
de sorpresa en sorpresa mis lugares,
me tomo de las manos nuevamente.
Para vivir no hay que tener memoria.
Para amar hay que olvidarlo todo.

*

SALEN los poemas del útero del alma
a su debido tiempo.
(¿Salen del alma?)

Hay hombres con tres almas o con cinco
preñadas incesantemente
por el silbato de las locomotoras o las alas del ángel.
Se muere el hombre
y sus almas sobreviven un tiempo
como las flores puestas en un vaso de agua.
(No hay espacio sobre la tierra para tantas almas.)
¿Qué pasará cuando no haya un lugar para enterrar a
    un hombre?
Ataúdes en órbita, cementerios volantes
en busca de la estrella deshabitada.
¿No será esto la tierra: un cementerio enorme
girando alrededor del sol
que gira alrededor de la nada?

No son más ciertas las estrellas
que el parpadeo del hombre.

(Toma, ven acá:
muerde el pan engañoso,
bebe la boca dulce de la vida.)

*

VENÍAS de muy lejos hacia la tierra prometida. Y hallaste
que la tierra prometida eran dos metros en el cementerio.
    Es mejor estar en la tierra que nadie promete. En esta

273

humilde, llana tierra simple. No te alegres ni te entristez-
cas. Vive parsimoniosamente, todo lo quieto que puedas
en la cuerda floja.

EL AGUA lava todos los pecados, los pecados apestan.
Sumérgete. Aquí hay jabón para las partes genitales y
para el alma. Desodorantes para la memoria. Ponte ropas
limpias, levántate.

Cuando no se puede morir ha llegado la hora de vivir.
Las campanas de los cementerios tocan hacia arriba ex-
pulsando a los muertos. Todos los ahorcados cortan la
cuerda.

Puedes hablar de la tarde o de la noche o del amanecer.
El mediodía no sirve para nada, sólo para sembrarnos en
el sol (gota de agua irritada, estáte quieta).

Magia de la cansada tristeza, vómito de pelos, algodones mortuorios: es preciso que el amor alcance a la esperanza.

No podrás decir no. La piedra se levanta, la montaña
se abre, el río se detiene. Podrás regenerar otra cabeza,
otros brazos, otro tiempo.

¿Qué me pasó?, pregúntate, asustado. Y no sabrás si
fue un golpe de muerte o de fortuna, si bebiste un veneno
o exprimiste una fruta. Nada pasó. Estás.

*

DANDO respiración mortal de boca a boca, investigando
en lo íntimo, yéndose al fin, al cabo, al término, al principio. (La luz ciega tantea detrás de las pupilas.) Pulmones
atrapados en la maleza diurna, sangre golpeada contra el
cuerpo, las piedras, las raíces. Techo descendente. Paredes de cristal de roca.

*

EN ESTAS profundas soledades te has perdido a ti mismo.

Corres detrás de las personas, les estrechas la mano, deseando que en alguna de ellas estés tú. Y ellas tienen también el mismo gesto: desean encontrarse en ti.

En estas profundas soledades giran los aspirantes, nadan los peces transparentes, idénticos al agua de la resurrección.

*

SI ME DEJAS arrancarte los ojos, amor mío, me harías feliz.

Quisiera quemarte el corazón, sellarte la memoria.

No quiero que me ames. Quiero dejarte la boca para que me hables y para que me beses. Y todo lo demás de tu cuerpo, que es delicioso.

*

ECHÉ en la bolsa del tiempo todo lo que tenía y la cerré con fuerza y la escondí cuidadosamente.

Nadie pudo encontrarla nunca.

Después de mil años la saqué de su escondite y la abrí delante de todos, y no tenía nada.

*

HACE MUCHOS años que murieron mis padres,
hace mucho, mis tíos, mis abuelos,
un mundo de gente conocida.

A veces he sentido que estoy a punto de morirme
—como si de pronto envejeciera todo lo viejo que he
   de ser—
y reflexiono en cosas sencillas,
más bien dicho, alguien en mí se da cuenta
de lo profundamente sencilla,
de lo maravillosamente sencilla y simple que es la vida.

Si tengo hambre, como,
si tengo sed, bebo,
si tengo amor, me como y me bebo.

No puedo ser mío si no soy de todos.
¡Y qué poco soy! ¡Qué extrañas complicaciones
para ser un mundo mío tan pequeño!

Soy agua, soy calor, soy aire,
todo soy menos tierra.
Sobre la tierra ando.
Le daré mi cuerpo a la tierra
pero otra vez volveré a ser yo.

*

ME PREGUNTARON si iría a tu entierro,
viejo abuelo León Felipe,
y dije para qué.
Me contaron que te estabas muriendo
y dije para qué.
Nada de eso sirve.
¡Es tan corriente morirse, abuelo!

*

YO NO tengo ideas.
Siento pánico ante los hombres inteligentes.
Yo no puedo decir "haré esto",
no tengo voluntad para nada.
Dejé de buscar explicaciones hace tiempo.
Tomo lo que traen las horas
y a todo digo sí, nada más.

*

QUIERO una caja de muerto que esté cómoda,
no vaya a estar angosta o corta.
La almohadilla no muy alta
y el color que quieran.
Herméticamente cerrada
para que no me entre nada de la vida.

VI. MALTIEMPO

ANIMALES simultáneos, los poetas, decentes o in, se reúnen gráficamente en las exposiciones del siglo.

En el camino de las tentaciones siempre estará presente tu imagen, desamada mía.

Yo soy sólo un investigador de la noche.

Cuando te beso allí es que estoy buscando, sin darme cuenta, el refugio de la humedad primera, de la ciega, tibia, infinita célula derramada, crecida.

En la insistencia de la muerte he visto el mismo cuestionario tonto, la misma vieja preocupación de los aspirantes: para las moscas encerradas en un frasco es muy difícil ingresar a la vida.

¿Que voy a morir pronto? Lo sé. Siempre será demasiado pronto. Por eso duermo poco, quiero estar despierto a todas horas, morir con los ojos abiertos para mirar un poco más.

En el final fue el verbo. En el principio fue el entendimiento armonioso, el silencioso amor.

Tú sólo mirarás las llamas, el resplandor instantáneo de este fuego perpetuo que soy yo.

*

AHORA me pongo lentes para escribir. Es el 3 de Enero de 1970. Próximamente cumpliré 44 años.

Desde hace dos o tres meses digo: ¿Llegaré a fin de semana? No creo que tenga cáncer ni ninguna otra enfermedad incurable, pero siento que de un momento a otro me voy a desplomar. ¡Veo morir la gente tan fácilmente!

Por lo general no tengo miedo, pero a veces, en la madrugada, hay una eternidad de pesadillas, me alejo de mi cuerpo, estoy al acecho, espero el ¡basta! definitivo. Y me tengo lástima: ¡es tan hermoso todo!, ¡amo tanto!

¡Qué remedio! Por todos lados veo venir mi cadáver, pero se desvanece constantemente. No habrá más que esperar, sentado a la puerta de mi casa. . .

ES LA HORA de la transmigración de las almas y los amores de los gatos.

En la madrugada vacía sólo dos o tres moscas revolotean sobre la mesa, desveladas por la luz que he encendido, interrumpidas en su efímero sueño, desquiciadas por este amanecer imprevisto. Se oyen tres o cuatro gallos escondidos en lo más lejano de la noche, cantando equivocadamente por algún resplandor que no es el día.

Es desconcertante la ciudad a estas horas. El silencio llena las piezas, transforma los objetos, deja escuchar el sueño de los niños. Los utensilios de la civilización construyen entre sí una mágica naturaleza muerta. El Teléfono quieto, minúsculo féretro de voces, carece de sentido. La televisión, el tocadiscos, la máquina de escribir, unos cuadernos, un libro semiabierto, son testigos paralizados de esa enorme e infinita vida del residuo de leche en el vaso y de las migas sobre el mantel. Fluye difícil y milagrosa la tinta y este papel la absorbe como la tierra del campo la primera lluvia.

¿Estará la vida en el retrato que cuelga de la pared y donde mis padres tienen la misma terca, insistente postura de hace diez años? ¿no sería posible que de un momento a otro bajasen la cabeza, volviesen la vista a otro lado, o conversasen entre sí?

¿Estará la vida en la máscara de madera de Guanajuato, en el candelabro sin velas, en las flores marchitas de ese florero olvidado? ¿estará en la taza de café ya frío, en las frutas de cera, o en mis manos?

*

EL RUIDO del calentador en el cuarto vecino es como el de un ejército en marcha. Las pequeñas explosiones del gas hacen un coro de amenazas, de airadas protestas, de sordas lamentaciones. Tambores remotos, insistentes, al amanecer: parece que aceleran su ritmo, que está próxima la catástrofe, el fin.

Todos duermen, yo escribo. Ésta es la hora más dulce de los sueños, cuando los cuerpos cansados, descansados, se abrazan a sí mismos bajo las sábanas, y no quieren saber nada del día que comienza. Sueño: tierno amor, anuncio de nuestra vocación definitiva, anticipo del beso profundo de la muerte.

(Es la hora: ¡a bañarse!)

DESDE LA muerte de mi hijo Jaime, de 22 años, no he querido hablar más de la muerte. En esos días escribí un poema de ocho o diez cuartillas, pero lo hice trizas y lo arrojé a la calle. No es posible pasarse la vida hablando de los muertos. Estoy harto. Me da vergüenza. (Lo malo es que no acaba uno de encontrar cómo deshacerse de los muertos.)

"Dejad que los muertos entierren a los muertos", es una frase estupenda de Cristo. Pero, ¿no son los muertos los que entierran a los vivos?, ¿no son los muertos los que nos matan un poco, los que nos jalan un poco a su propia tumba? ¿Cómo rescatar nuestra vida de manos de los muertos? Ni a palos ni con lumbre: los muertos nos tienen agarrados furiosamente de los calzones, del pellejo.

Cristo no tuvo madre. Lo digo como lo dicen los mexicanos, porque en realidad no tuvo ni madre, ni padre, ni hijos, y de este modo no es difícil ser dios.

No te ensucies el alma con este mugroso amor terrestre a tu mujer que pelea, a tus padres que regañan, a tus hijos que no agradecen, a tus hermanos que traicionan, a tus amigos que olvidan: dedícate al divino amor de todos, al acuoso amor que perdona las ofensas no recibidas y la gloriosa crucifixión.

LA MÚSICA –dice Igor Stravinski– no expresa nada: expresa solamente la música.

Ahora me explico porqué no me gusta, porqué siempre me ha molestado la música de Stravinski.

La música expresa la música. La pintura expresa la pintura, la poesía expresa la poesía. Cada vez somos más inteligentes, más abstractos, más espirituales. ¿Llegará el hombre a ser sólo un pensamiento del hombre?

*

HACE TRES días regresaron los hombres de la luna. Nadie habla de otra cosa. Fue un viaje magnífico y aterrador.

La televisión nos la enseñó de cerca: ¿arena, cenizas, roca?, el horizonte demasiado breve, parecía que el astronauta se fuese a caer por la borda.

¡Cuántas cosas averiguaremos de la luna! Su estupenda, desolada soledad infinita, su enrarecimiento, ¿su vacío?, su superficie igual que el espacio que la rodea: caminos empedrados hacia todas las estrellas.

Sabremos muchas cosas de la luna, composición química, distancias, logos y grafías. Y sin embargo. . . ¿le quitarán su miel?, ¿perderá su ternura?

Quiero pensar que no ha pasado nada. La luna no es eso. La luna es la distancia de aquí a la luna. Es la luz de la luna mansa e infinita. Es también su sombra, la certeza de que está allí esperando.

Mientras no nos la quiten, mientras no la hagan girar en órbita alrededor de otro planeta, la luna será nuestra como siempre hemos pensado: un hermoso sueño, una distante luz que nos penetra, un suave amor profundo y quieto en nuestro corazón. La luna será siempre el resplandor que sale de nosotros en la noche y en la soledad.

*

GIRA por su ecuador empobrecido
un viento espeluznante, hecho de nada,
acostumbrado a ser sólo silencio,
sólo derrame de una vena seca,
sólo respiración de un pulmón muerto.
Un viento que no raspa, que no toca,
que no levanta apenas la ceniza

de aquel ahogado incendio.
De la boca de Dios
(que ya sabemos que Dios no tiene boca)
sale el viento lunar, ágil, terrestre,
herido, quieto.

*

SI LA VIDA es ejercer nuestros sentidos (cinco, diez, los
que sean), satisfacerlos, pensar, sentir, querer, y si la
muerte es todo lo contrario, ¿cómo incursionar ahora en
la muerte? El ciego se ejercita en ella parcialmente, el
sordomudo, el paralítico, pero ¿quién deja de comer y de
beber, quién deja de pensar? El estado de shock, o el
coma, son una antesala ordinaria y mediocre. Lo importante sería experimentar la muerte. Cerrar todas la puertas e introducirse en lo oscuro, ¡y regresar!

Yo tengo la certeza de que podría, en un momento,
detener mi corazón, morirme. Casi he llegado a hacerlo.
Pero antes de dar la orden definitiva me asalta el miedo:
¿y quién va a indicarle latir de nuevo?

Hay otro camino, más activo y espléndido: ejercitarse
en la pasividad, en la cesación total. Romper de algún
modo y salirse de la órbita normal del pensamiento humano (la muerte es una idea): llegar a la anti-idea. Ver en
la oscuridad, respirar el vacío, hablar sin articular palabra, atravesar los muros normalmente. Algo así. Descu-
brir que lo extraordinario, lo monstruosamente anormal
es esta breve cosa que llamamos vida.

*

TE PREOCUPA que yo escriba con disciplina, todos los días
o casi todos los días. Eso lo hice hace veinte años. Hoy
me da vergüenza. Yo no soy una vieja jugando con muñecas, ni circulo en el cuarto de los espejos.

¿Qué son las palabras desprendidas de la vida? Naipes,
juegos solitarios, pasatiempos mortales.

Esperemos. El vacío está lleno de promesas.

ESTOY SEGURO de que estos brazos de hoy no son los mismos de ayer. Tengo la certeza de que mi rostro es distinto, mi estatura es otra, mi voz es diferente. Y sin embargo todos me reconocen, me llaman por mi nombre, me hablan de cosas que sabemos.

¿Cómo podrían darse cuenta de mis almas de cada día, de la que estoy regenerando, reconstruyendo en este instante?

*

EL ESTÓMAGO, los intestinos, el corazón, los nervios, creo que hasta los riñones se me están echando encima. Necesito otro cuerpo. Necesito un cuerpo de metal para que aguante. O bien un árbol, o una piedra. Tiene que ser resistente al venenoso amor, a la insondable fatiga, al alcohol tutelar, a la congregación de los presagios, al ritmo impúdico, vicioso de la vida.

La paranoia se desnuda al pie de la cama y baila silenciosamente. Me pongo a ver un programa de vaqueros en la televisión.

La muerte no importa. Lo que importa es la lluvia, afuera, la insensible tarde, la vida despidiéndose inútilmente.

*

LA SENSATEZ y la cordura, hijas del temor y la costumbre, no han convencido a mi corazón con sus dulces palabras.

La prudencia es una puta vieja y flaca que baila, tentadora, delante de los ciegos.

Cautiva a los ancianos, comodidad, seduce a los cansados y a los enfermos.

Mi corazón sólo ama el riesgo.

FUI A LA casa de empeños y les dije: Éste es el traje con que me casé, nunca he vuelto a usarlo, ¿cuánto pueden darme?

–El pasado sólo tiene valor para ti –me dijeron–. Nada.

–Ésta es la factura de mi ataúd –les dije–. ¿Cuánto?

Y se echaron a reír: –El porvenir vale menos que el pasado.

–¿Podría empeñar entonces mi desnudez?

–Tu desnudez es invisible, y no le queda a nadie más que a ti.

*

HE REPARTIDO mi vida inútilmente entre el amor y el deseo, la queja de la muerte, el lamento de la soledad. Me aparté de los pensamientos profundos, y he agredido a mi cuerpo con todos los excesos y he ofendido a mi alma con la negación.

Me he sentido culpable de derrochar la vida y no he querido quedarme en casa a atesorarla. Tuve miedo del fuego y me inceneré. Amaba las páginas de un libro y corría a las calles a aturdirme. Todo ha sido superficial y vacío. No tuve odio sino amargura, nunca rencor sino desencanto. Lo esperé todo de los hombres y todo lo obtuve. Sólo de mí no he sacado nada: en esto me parezco a las tumbas.

¿Pude haber vivido de otro modo? Si pudiera recomenzar, ¿lo haría?

ÍNDICE

HORAL

LA SEÑAL

YURIA

IMPRESO Y HECHO EN MÉXICO
PRINTED AND MADE IN MEXICO
En los talleres de
Litoarte, S. de R.L.
Ferrocarril de Cuernavaca 683
México 17, D.F.
Edición de 5000 ejemplares
y sobrantes para reposición
21 de marzo de 1980